AF403214

DE

LA COMPÉTENCE

OU DES ATTRIBUTIONS RESPECTIVES

DES DIVERS OFFICIERS PUBLICS,

Notaires, Commissaires-Priseurs, Huissiers, Greffiers de Justice de Paix et Courtiers de Commerce, en matière de Prisées et de Ventes de Meubles, de Marchandises aux enchères publiques, de leurs droits, de leurs devoirs et des Règles de Législation et de Jurisprudence, relatives à ces sortes d'opérations et de conventions.

OUVRAGE DIVISÉ EN QUATRE PARTIES.

TRAITÉ

DE LA NOUVELLE LÉGISLATION DU NOTARIAT,

OUVRAGE DIVISÉ EN DEUX PARTIES.

La première comprend le commentaire de l'ordonnance du 4 janvier 1843, organique de la corporation des notaires ;
La seconde, celui de la loi du 21 juin 1843 sur la forme des actes notariés.

Par M. GAND,

AVOCAT, PROFESSEUR DE NOTARIAT ET DOCTEUR EN DROIT DE LA FACULTÉ DE PARIS.

Auteur du Traité général de l'Expropriation pour utilité publique et du Droit Constitutionnel Positif de la France.

PARIS,

RUE MONTMARTRE, 171.

1844.

AVERTISSEMENT

ET DIVISION DE L'OUVRAGE.

Depuis longtemps des discussions sérieuses et multipliées se sont élevées entre les diverses corporations d'officiers publics, auxquelles est accordé le droit de procéder à la prisée et à la vente aux enchères publiques des meubles et des marchandises.

Ces controverses avaient leur cause dans la difficulté de préciser exactement quels objets le législateur avait eu en vue de désigner sous la dénomination de meubles, au point de vue de l'attribution d'en faire la prisée et la vente qu'il avait conférée à certains fonctionnaires, et par opposition, quelle sorte de choses étaient exclues de cette attribution spéciale.

Ensuite, la circonscription territoriale des localités, où les uns étaient autorisés à exercer par privilége et à l'exclusion des autres, et celles des lieux où la concurrence appartenait à tous, est devenue un second motif de dissidence.

En outre, le droit de vente appliqué aux marchandises a provoqué de vives réclamations, surtout de la part du commerce sédentaire.

Enfin le mode de vente, les conditions, les conséquences de leur inexécution, la responsabilité, la garantie relative aux choses vendues, les coalitions d'acheteurs, sont devenues le sujet de débats judiciaires.

Entre ces divers points de contradiction, les uns étaient du domaine du pouvoir législatif, la solution des autres entrait dans celui de la jurisprudence.

Pour ne pas précipiter une œuvre appelée par les vœux unanimes des officiers publics intéressés à la solution de ces importantes questions, et pour leur rendre nos travaux essentiellement utiles, nous avons dû résister aux pressantes sollicitations qui nous étaient adressées de toutes parts, de livrer à la publicité le fruit de nos observations et de nos méditations, jusqu'à ce que la législature et les tribunaux eussent, chacun de son côté, établi des principes dont nous puissions faire la base légale de nos explications.

Aujourd'hui que ce terme assigné à la production de notre travail est arrivé, nous ne nous bornerons pas à des réflexions exclusivement théoriques, mais afin de les rendre plus saisissables, nous en ferons l'application aux formules nouvelles que réclament les dispositions des lois et la puissance décisive de l'interprétation doctrinale des tribunaux qui, récemment intervenues, ont apporté des modifications telles au droit primitif en cette matière qu'il est absolument changé.

En conséquence de ces vues, le traité sera divisé, comme l'énonce le titre, en quatre parties.

La première comprendra les attributions qui, en cette matière, sont ou communes aux cinq classes de fonctionnaires publics ci-dessus désignées, ou particulières, soit à l'une d'entre elles, soit à plusieurs.

Dans la seconde seront indiquées les distinctions faites par la loi de leur organisation entre les mêmes fonctionnaires, relativement aux localités ou il est accordé exclusivement aux uns, et interdit aux autres, d'exercer, au préjudice des premiers, les actes de leurs attributions définies en la première partie.

La troisième sera destinée à déterminer les choses auxquelles s'appliquent, au point de vue de l'objet du présent traité, les droits conférés aux officiers ministériels qu'il a pour but d'éclairer.

Enfin, dans la quatrième, nous traiterons de la garantie en matière de vente de meubles, et nous donnerons séparément les formules de tous les actes susceptibles de présenter des difficultés de rédaction.

Quoique cette division nous paraisse renfermer dans les limites qui lui sont jalonnées, toutes les notions qui peuvent intéresser ceux auxquels nous les destinons ; nous ne nous dissimulons pas que la prévision humaine ne peut raisonnablement se promettre d'atteindre toutes les éventualités possibles, qu'ainsi bien des hypothèses amenées par les circonstances et par le concours des intérêts opposés, viendront à se produire en dehors des suppositions que nous nous sommes créées. Aussi, invitons-nous ici avec sincérité les parties à s'adresser à nous pour résoudre les doutes et lever les incertitudes qu'elles éprouveraient dans l'application des principes que nous avons rappelés ou établis, et leur engageons nous notre promesse de donner une prompte réponse à toute demande qui nous serait adressée par lettre affranchie. Déjà nous avons donné notre parole aux mêmes fins à tous ceux que notre *Traité d'expropriation pour cause d'utilité publique* n'avait pas éclairés suffisamment, et malgré la multitude de questions à consulter que cet engagement nous a attirées et nous attire chaque jour à raison de notre spécialité connue pour le droit en cette matière, nous avons toujours mis à le remplir une scrupuleuse et prompte exactitude.

NOTE ESSENTIELLE POUR L'INTELLIGENCE DE QUELQUES ABRÉVIATIONS.

Art. signifie article.

Cas. 10 août 1836. — S. D. 36-1-900. signifie Arrêt de la Cour de Cassation, rapporté au Recueil de M. Sirey, (continué depuis vingt ans par MM. Devilleneuve et Carette, avec un succés digne du mérite qui recommande cette œuvre á tous les jurisconsultes), année 1836, 1ʳᵉ partie, page 900.

Paris. 10 octobre 1838. S. D. 38-2-800. signifie Arrêt de la Cour de Paris, rapporté au même Recueil, année 1838. — 2ᵉ partie, page 800.

Cod. Civ. ou C. C. signifie Code civil.

Cod. Proc. — Code de Procédure civile.

Cod. Com. — Code de Commerce.

Cod. Pén. — Code Pénal,

Dec. mini. Just. Fin. — Décison du ministre de la justice des finances.

§. — Paragraphe.

Sect. — Section.

Chap. — Chapitre.

2ᵉ Part. — 2ᵉ Partie.

Pag. ou P. — Page.

Et S. — et suivants.

V. — Voyez.

DE

LA COMPÉTENCE

OU DES ATTRIBUTIONS RESPECTIVES

DES DIVERS OFFICIERS PUBLICS,

Notaires, Commissaires-Priseurs, Huissiers, Greffiers de Justice de Paix et Courtiers de Commerce, en matière de Prisée et de Vente de Meubles, de Marchandises aux enchères publiques, de leurs droits et de leurs devoirs relativement à ces sortes d'actes de leurs fonctions.

PREMIÈRE PARTIE.

Des attributions, ou communes aux cinq classes de fonctionnaires publics ci-dessus désignés, ou particulières, soit à l'une d'entre elles, soit à plusieurs.

Cette première partie aura pour objet de faire connaître les droits conférés par la législation à ces fonctionnaires, relativement à la prisée et à la vente aux enchères publiques de meubles. Et comme les attributions s'étendent ou se restreignent en raison de la nature particulière de certaines choses mobilières, selon qu'elles consistent en meubles incorporels ou en meubles corporels, et même parmi ceux de cette seconde catégorie, selon qu'il s'agit de marchandises proprement dites, ou d'autres espèces de meubles, nous répartirons en trois titres ce qui concerne la partie dont nous nous occupons ici.

L'un exposera les dispositions législatives qui, relativement à la prisée et à la vente aux enchères publiques d'objets de nature mobilière en général, confèrent le droit exclusif d'y procéder aux officiers ministériels dont il s'agit.

Le second expliquera les distinctions établies entre eux, touchant l'exercice de ces deux attributions par rapport à chacune d'elles d'abord, ensuite par rapport à l'espèce particulière de la chose mobilière à vendre.

Le troisième fera connaître les règles communes aux prisées et aux ventes de meubles, dont l'observation est prescrite indistinctement à tous les officiers publics appelés à y procéder.

TITRE Ier.

Des attributions générales appartenant exclusivement, mais en commun entre eux, aux notaires, commissaires-priseurs, huissiers, greffiers de Justice de paix et aux courtiers de commerce.

Observations préalables.

Nota. Il ne faut pas confondre avec les greffiers de justice de paix, les greffiers des tribunaux de simple police, car on ne doit pas étendre à ceux-ci, l'attribution conférée à ceux-là, en ce qui touche le droit de procéder aux prisées et aux ventes publiques de meubles. Déc. min. justice du 8 janvier 1812, S. D. 12-2-144.

Règle générale.

Les attributions que nous venons de présenter comme appartenant aux officiers publics désignés consistent dans le droit de faire exclusivement les prisées et les ventes de meubles aux enchères publiques, et elles sont consacrées savoir : en faveur des notaires, huissiers et greffiers de justice de paix concurremment par lettres patentes du 26 juillet 1790, par un décret de la convention du 17 septembre 1793, et par l'art. 37 du décret du 14 juin 1813.

Ces règles législatives qui sont encore aujourd'hui en vigueur, n'ayant été abrogées par aucune loi postérieure, n'établissent ni distinction, ni préférence, au point de vue du droit qu'elles leur confèrent concurremment, entre ces trois catégories d'officiers publics. (Bordeaux 6 août 1835. S. D. 36-2-60 ; Grenoble 5 décembre 1839 S. D. 40-2-223.)

En faveur des commissaires-priseurs : d'abord de ceux de Paris, par la loi du 27 ventôse an IX; ensuite de ceux du surplus de la France, par l'art. 89 de la loi du 28 avril 1816 et par l'ordonnance réglementaire du 26 juin suivant.

En faveur des uns et des autres implicitement, par les dispositions recognitives et confirmatives des articles 4, 5 et 10 de la loi du 25 juin 1841.

Enfin, au profit des courtiers de commerce, mais pour les ventes seulement et non pour les prisées, par l'article 492 ancien et 486 nouveau du code de commerce, par les décrets des 22 novembre 1811 et 17 avril 1812, par les ordonnances des 1er juillet 1818 et 9 avril 1819, et par la loi du 25 juin 1841 art. 5 et 6.

Quant à l'exclusion prohibitive qui s'oppose à ce que, soit de simples particuliers, soit des officiers publics autres que ceux ci-dessus désignés, puissent procéder aux prisées et aux ventes publiques à la criée de meubles; elle est établie par les dispositions combinées des art. 6 des lettres patentes précitées du 26 juillet 1790 et 1er du décret du 26 septembre 1793 ci-dessus énoncé, par la défense formelle des articles 1er de la loi du 22 pluviôse an VII. 1er et 2 de celle du 27 ventôse an IX, par l'art. 486 du code de commerce, ainsi que par les autres décrets, lois et ordonnances susdatées.

L'observation en est assurée par l'amende que prononce l'art. 2 de la loi du 27 ventôse an IX contre tous particuliers et tous autres officiers qui s'immisceraient dans les ventes aux enchères publiques de meubles. *Vide infrà*, sections 2 et 3, chap. 2, du titre 2, de la présente 1re partie l'application aux courtiers de cette conséquence prohibitive.

C'est pourquoi on doit tenir pour règle certaine, que toute vente aux enchères publiques d'objets mobiliers ne peut être faite, soit par un simple particulier, fut-ce même le propriétaire, soit par un fonctionnaire public sans qualité; et d'un autre côté, que la qualité requise ne peut résulter que d'une attribution faite par une disposition expresse et spéciale de la loi.

EXCEPTIONS.

Des exceptions à cette attribution exclusive créée en faveur des officiers compris dans la désignation de la loi, pour procé-der aux ventes publiques à la criée de meubles.

Elles sont au nombre de trois, savoir :

1° Lorsqu'il s'agit du mobilier de l'Etat; la régie peut le faire vendre publiquement aux enchères par ses préposés sans l'assistance d'aucun des officiers publics ci-dessus nommés; la raison en est, que la disposition de l'article 3 de l'arrêté du 23 nivôse an VI, qui lui accorde cette faculté, n'a été abrogée, ni par la loi du 22 pluviôse an VII, ni par celle du 27 ventôse an IX. Cas. 7 mai 1832 S. D. 32-1-325. — Orléans 20 juin 1833 S. D. 33-2-445.

2° Quand les objets à vendre consistent en bois façonnés, provenant d'abattages et d'élagages dans les forêts du domaine de la couronne; les commissaires-priseurs et les notaires sont sans qualité pour procéder à de telles ventes. Elles ne peuvent avoir lieu que devant les préfets, sous-préfets ou maires, en présence des agens forestiers, aux termes des art. 86 et 104 de l'ordonnance forestière du 1er août 1827. Paris 28 juin 1833 S. D. 33-2-389.

3° Si la vente à faire avait lieu par l'emploi d'un mode autre que celui des enchères publiques, le propriétaire aurait le droit d'y procéder lui-même, et s'il voulait la constater non par un écrit sous seing privé, mais par acte d'un fonctionnaire public compétent, ce serait à un notaire qu'il devrait et qu'il pourrait valablement s'adresser, parce qu'aux termes de l'art. 1er de la loi du 25 ventôse an XI, ils sont établis pour recevoir les actes des conventions en général qui interviennent entre les parties.

TITRE II.

Distinctions entre les divers officiers publics dont il s'agit, touchant les pouvoirs qui leur sont accordés par les lois rappelées, concurremment entre eux, et exclusivement, soit à tous autres fonctionnaires, soit aux simples particuliers.

Elles ont pour objet, ou les attributions elles mêmes, ou les choses sur lesquelles elles s'exercent, ou la forme de l'acte destiné à constater la vente.

Nous allons en faire le sujet de trois chapitres.

CHAPITRE Ier.

Des attributions des officiers publics désignés ci-dessus, en ce qui concerne : 1° Le droit de faire la prisée des meubles. 2° Celui de les vendre.

SECTION 1re. — *Du droit relatif à la prisée.*

Il n'appartient qu'aux notaires, huissiers, greffiers de justice de paix et aux commissaires-priseurs : Dès lors les courtiers de commerce sont, relativement à cette opération, sur la même ligne que les simples particuliers et que tous autres officiers publics; ils n'ont pas qualité et doivent s'abstenir de s'y livrer, sous peine de l'amende prononcée par l'art. 2 de la loi du 27 ventôse an IX, qui en limite le maximum au quart du prix des objets prisés.

La raison en est, que d'abord les lois précitées restreignent la collation du pouvoir de prisée aux notaires, huissiers, greffiers de justice de paix et commissaires-priseurs, et qu'ensuite elles ne comprennent pas cette attribution au nombre de celles dont elles investissent les courtiers de commerce, par les règles de leur compétence. Bourges 8 juin 1832 S. D. 32-2-476. — Rennes 14 janvier 1835 S. D. 37-2-179. — Nîmes 22 février 1837 S. D. 37-2-179 — Cas. 19 décembre 1838 S. D. 39-1-175 — Bruxelles 2 mai 1839 S. D. 40-2-100.

On avait tenté de revoquer en doute le droit des commissaires-priseurs de la capitale, relatiment aux prisées de meubles à faire hors de Paris, dans le surplus du département de la Seine, on se fondait sur ce qu'ils ne sont pas nommément compris dans l'article 1er du décret de la Convention du 17 septembre 1793 attributif du droit spécial de prisée, et sur ce que la loi du 27 ventose an xi qui les institue, ne leur attribue littéralement, par la seconde partie de son article 1er, la concurrence avec les autres officiers dans le reste du département de la Seine, après Paris, que pour les ventes, sans s'expliquer sur les prisées.

Mais l'interprétation extensive donnée en leur

faveur, sur ce point, au sens textuel de la loi de ventôse par les articles 2 et 3 de l'ordonnance du 26 juin 1816, ne laisse pas prise à une contestation sérieuse de leur droit de concurrence avec les notaires, huissiers et greffiers pour les prisées à faire hors de Paris, dans les autres communes du département de la Seine.

La prisée des meubles est une formalité prescrite en cas d'inventaire, elle peut avoir lieu aussi lors même qu'il n'intervient pas d'inventaire, dès lors elle s'applique à deux hypothèses qu'il importe de distinguer ; en conséquence, nous allons en traiter en deux paragraphes.

§ 1er. De la prisée en cas d'inventaire.

Toutes les fois qu'il y a nécessité, pour se conformer au vœu de la loi, de procéder à l'inventaire, en un mot, dans tous les cas où elle en prescrit la rédaction, il faut que la prisée ou estimation des meubles qui y sont portés, soit faite par un officier public ayant qualité à cet effet. La disposition de l'art. 943 du Code de procédure exigeant l'appréciation des effets à juste prix et sans crue, en fait une formalité applicable indistinctement à toute espèce d'inventaires.

Il ne s'agit donc pour déterminer les cas de prisée, que de rechercher et de préciser ceux dans lesquels le législateur a déclaré l'inventaire obligatoire : car alors l'évaluation des objets y compris, dont il veut que cet acte contienne la mention, étant une opération pour laquelle il a donné attribution spéciale, par une disposition formelle, à certains officiers publics exclusivement. qu'il a désignés à cet effet, il s'ensuit qu'eux seuls ont capacité pour y procéder. Qu'ainsi il faut pour être légal et par conséquent pour que l'inventaire soit régulier, pour qu'en un mot, il soit accompagné de toutes les conditions exigées par la loi pour sa validité, non-seulement qu'on y trouve l'estimation des objets qu'il comprend, mais en outre la preuve que cette estimation a été faite par un des fonctionnaires que la loi a institués pour y procéder, car seuls ils sont compétens et capables. Voyez cependant, *infrà.* art. 9, nombre 1er du présent paragraphe.

Or, ces cas sont ceux que prévoit le Code civil, savoir :

Art 1er. Dans son art. 112 qui, par la généralité de ses dispositions, autorise le tribunal à prescrire, pour prendre soin des biens d'un individu présumé absent, toute espèce de mesures qu'il jugera convenable d'adopter, et parconséquent à nommer un administrateur qui devra avant de prendre, en cette qualité, possession du mobilier, en faire constater l'état, consistance et valeur par un inventaire avec prisée.

Art. 2. Dans son art. 126 relatif à la constation du mobilier et des titres de l'absent imposée aux envoyés en possession provisoire, ou à l'époux qui aura opté pour la continuation de la communauté.

Art. 3. Dans ses art. 270, 306 et 307 combinés, par lesquels il accorde à la femme demanderesse où défenderesse en séparation de corps, le droit de faire apposer les scellés et procéder à l'inventaire avec prisée, à dater de l'ordonnance mentionnée en l'art. 238.

Art. 4. Dans l'art. 451 qui impose au tuteur, dans les dix jours de sa nomination dûment connue de lui, l'obligation de faire procéder à l'inventaire des biens du mineur, en présence du subrogé-tuteur.

Observation sur l'art. 4. — Il semble résulter de l'acception grammaticale des termes de l'article 451 du Code civil, que l'obligation dont il parle, ne concerne que le tuteur datif, d'où il suit que les tuteurs légitimes ne sont pas, à la rigueur, tenus de se conformer à la prescription de la formalité de l'inventaire.

Mais, comme l'article 1442 du Code civil prononce contre l'époux survivant qui ne fait pas procéder à l'inventaire des biens du préécédé, la perte de l'usufruit légal que l'article 384 du même Code lui accorde sur les biens de ses enfants mineurs; qu'il déclare en même temps le subrogé-tuteur responsable solidairement avec lui des condamnations qui seraient prononcées au profit du mineur pour réparation du préjudice à lui causé par le défaut d'inventaire ; il résulte de ces dispositions la manifestation implicite de l'intention du législateur d'appliquer au tuteur légitime, l'obligation mentionnée en l'article 451 précité.

Toutefois cette conséquence pénale n'étant pas applicable, d'après l'article 1442, aux successions qui proviennent au mineur d'autres que du conjoint de son tuteur légal, ni à celles qui lui échoient pendant l'existence de ses père et mère ; car le père recueille ces dernières comme administrateur des biens personnels de ses enfants mineurs, et non comme leur tuteur (C. civ. 389), on ne serait pas rigoureusement autorisé à argumenter de cette même pénalité pour établir, dans ces dernières hypothèses, le droit de l'obligation d'un inventaire contre les tuteur et subrogé-tuteur. Ainsi jugé en cass. le 3 déc. 1821, S. D. 22-1-80.

Art. 5. Dans l'article 600, qui veut que l'usufruitier d'un mobilier, ne puisse entrer en jouissance qu'après en avoir fait faire l'inventaire en présence du propriétaire.

Art. 6. Dans l'article 626, qui prescrit la même formalité à l'usager.

Art. 7. Dans les articles 769, 773, 794 et s., 813, 1031, 1058, 1414, 1415, 1456, 1504, 1532 du Code civil.

Art. 8. Dans les articles 909 , 941 et 943 du Code de procédure civile, qui désignent les personnes auxquelles ils accordent le droit de faire procéder à l'inventaire, et auxquelles par contre est imposée l'observation des formalités dont cet acte doit être accompagné, notamment de la prisée.

Art. 9. — Observations communes aux huit articles qui précèdent.

Nombre 1er. Quand un notaire procède à un inventaire dans une localité qui n'est pas celle de la résidence d'un commissaire-priseur, et où il a dès lors le droit de faire les prisées de mobilier, il peut valablement procéder seul simultanément, et à l'inventaire et à la prisée en même temps; c'est à la vérité un cumul de deux fonctions de sa part, mais comme elles rentrent l'une et l'autre dans les attributions qu'il tient de la loi, il a capacité pour chacune d'elles, et nulle disposition prohibitive ne s'oppose à ce qu'il les remplisse au cas prévu, conjointement pour le même mobilier. *Sic* jugé en cass., le 19 décembre 1838. S. D. 39-1-175.

Nombre 2. Quand les objets sont d'un grand prix et que leur valeur dépend d'une appréciation qui ne peut être faite que par des gens de l'art, l'officier public chargé de la prisée peut, il doit même pour l'acquit d'un devoir de conscience, choisir pour l'assister un ou plusieurs experts dans les hommes à connaissances spéciales à cet effet. Cette réflexion s'applique surtout aux bijoux, aux tableaux, et aux objets mobiliers incorporels, tels qu'achalandage, fonds de com-

merce, clientèle, relations commerciales y atta-
chées. C'est par une conséquence du droit qu'a
le fonctionnaire qui fait la prisée de s'adjoindre
pour cette opération un expert, que par l'arrêt
précité, la Cour de cassation a décidé en outre
que le notaire procédant à un inventaire, et faisant lui-même la prisée du mobilier qu'il in-
ventorie, pouvait s'éclairer à cet effet de l'avis
d'un marchand de meubles, que c'était un auxiliaire auquel la loi ne lui défendait pas de recourir
pour faire lui-même cette prisée et l'estimation
pour lesquelles il avait qualité; que la circonstance qu'il fait prêter serment à cet auxiliaire,
étant celle d'une formalité inutile et sans effet,
n'a pu conférer à celui-ci un pouvoir qu'il
ne devait tenir que de la loi, et donner à son
intervention le caractère d'un empiétement sur
les attributions des officiers autorisés exclusivement à faire les prisées légales.

Art. 10. Exception au droit exclusif de prisée
accordé aux fonctionnaires publics , ci-devant
désignés dans tous les cas d'inventaire.

Elle est établie par l'article 480 du Code de
commerce, qui donnant aux syndics, quand ils
procèdent à l'inventaire des biens d'un failli, la
faculté, pour l'estimation des objets, de se faire
aider par qui ils jugeront convenable, consacre
pour ce cas une dérogation à la loi du 26 septembre 1793 précitée , qui ne reconnaît le droit
de faire les prisées de meubles, comme nous

l'avons énoncé, qu'aux seuls fonctionnaires publics qu'elle désigne.

A qui appartient le droit de faire la prisée, quand elle s'applique à un objet mobilier incorporel, par exemple à un achalandage, à un office, à un intérêt dans une société, etc.? Voir la solution de la question de compétence relative, chap. 1er, titre 2, 3e partie.

§ II. Des prisées qui sont prescrites, lors même qu'il n'est pas dressé d'inventaire. Elles ont lieu dans deux circonstances.

La première est celle dont parle l'art. 453 du Code civil; elle peut être faite par toute personne, à la charge de la prestation du serment exigé par le même article.

Dans la seconde catégorie, nous rangerons toutes celles qui sont ou stipulées par les parties, ou ordonnées par le juge, et comme ce ne sont pas des prisées légales, c'est-à-dire, prescrites par la loi, que ce sont des estimations conventionnelles ou judiciaires destinées à éclairer les intéressés ou les magistrats, elles rentrent dans la classe des expertises ordinaires, et peuvent être faites par tous ceux auxquels les parties ou le tribunal donne sa confiance. (Argument du Code de procéd. art. 304 et 305.)

SECTION II. — *Du droit de vendre les meubles.*

Ce droit, considéré d'un point de vue général, appartient aux commissaires priseurs, aux notaires, huissiers, greffiers de justice de paix et aux courtiers de marchandises.

Mais, envisagé sous le rapport de son exercice, il n'appartient pas à tous avec une latitude identique ; ainsi pour les uns, les courtiers de commerce par exemple, il est limité aux effets mobiliers qui consistent en marchandises neuves, et il est dans son application soumis à des conditions restrictives ; pour les commissaires priseurs, il leur est conféré avec un privilège d'exclusion dans la ville chef-lieu de leur résidence ; pour les huissiers, il s'étend aux fruits pendants par branches et par racines, lorsque la vente a lieu par suite et par complément de la saisie-brandon, quoique ces derniers objets soient immeubles, et ne rentrent pas en conséquence dans la compétence des officiers publics institués pour la vente des meubles. Ces diverses distinctions seront expliquées et marquées ci-après au fur et à mesure que la classification des matières ci-dessus annoncée, présentera l'occasion de le faire.

CHAPITRE II.

Des modifications à la généralité de l'attribution du droit de vendre les choses mobilières, conférée aux divers fonctionnaires que la loi en a investis, et résultant de la nature particulière de chaque chose.

Comme ces modifications varient selon qu'il s'agit de meubles incorporels ou de meubles corporels, ou spécialement de marchandises neuves, nous les indiquerons aussi séparément pour chacune d'elles en trois sections distinctes. *Vide infrà*, tit. 2 de la 3ᵉ partie.

SECTION Iʳᵉ. — *De la Vente des Meubles incorporels.*

On donne en droit la dénomination de meubles incorporels à toutes les choses qui ne sont pas meubles par leur nature. Or, suivant la définition des articles 528, 531 et 532 combinés du Code civil, on doit considérer comme meubles par leur nature, les corps qui peuvent se transporter d'un lieu à un autre; voilà pourquoi on les appelle meubles corporels : *Qui tangi possunt.* Et comme l'art. 529, range dans la classe des meubles, les obligations, les actions et les autres choses qu'il désigne, lesquelles, par opposition aux meubles corporels, *tantum in jure consistunt,* la législation a pris soin d'expliquer en l'article précité, que ces sortes de droits n'ont pas le caractère de meubles par leur nature, qu'ils ne le prennent que par la détermination de la loi, d'où il suit qu'ils ne constituent réellement que des meubles fictifs. Cette dénomination de meubles incorporels est d'ailleurs donnée par le législateur lui-même aux choses mobilières qui ne consistent qu'en purs droits non matériels. Voyez dans le Code civil l'intitulé du chap. VIII du livre 3 du titre 8 et les articles 1607 et 1693.

Comme les lois qui attribuent aux commissaires-priseurs, aux huissiers et aux greffiers de justice de paix, le droit de procéder aux ventes publiques aux enchères, ne se sont servis, en désignant les choses qui seraient l'objet de ces ventes, que du mot *meubles*, on en a conclu que cette expression devait être restreinte dans son application aux meubles corporels, que par conséquent ces officiers étaient sans qualité pour procéder aux ventes des meubles incorporels, et que dès lors celles-ci appartenaient au domaine du notariat.

Cette doctrine a été adoptée et consacrée par la cour de cassation, car elle l'a prise pour base d'un arrêt par lequel elle a jugé que la vente d'un fonds de commerce, par exemple, rentrait dans les attributions exclusives des notaires. En effet, elle a donné pour motif de sa décision, que ce fonds, considéré abstractivement des meubles corporels qui en dépendaient et étaient destinés à son exploitation, constituait une propriété mobilière incorporelle. Arrêt du 23 mars 1836. S. D. 36-1-161, qui rejette le pourvoi, dirigé contre un arrêt de Paris du 15 juin 1833. S. D. 33-2-339.

SECTION II. — *De la Vente des Meubles corporels, autres que les marchandises.*

Les lois qui déterminent ceux des officiers publics qui ont le droit exclusif de procéder aux ventes publiques aux enchères de ces sortes de meubles, et que nous avons rappelées ci-dessus, titre premier, ne classent pas les courtiers de commerce au nombre des fonctionnaires auxquels elles accordent ce pouvoir, en telle sorte que l'omission de toute désignation en leur faveur les prive de capacité pour ces sortes de ventes.

Toutefois le Code de commerce, par son article 492 ancien et 486 nouveau, ayant déterminé, qu'en cas de faillite, le juge commissaire pouvait autoriser les syndics à procéder à la vente des effets mobiliers ou marchandises, et qu'il déciderait également si la vente se ferait à l'amiable ou aux enchères publiques par l'entremise de courtiers ou de tous autres fonctionnaires préposés à cet effet, il en résultait que sous l'empire de ce code les courtiers de commerce pouvaient être exceptionnellement investis, par la volonté du juge commissaire, en vertu de l'article précité, de l'attribution spéciale de procéder au cas prévu, à la vente publique aux criées des meubles du failli.

C'était donc là une exception particulière créée en leur faveur pour une circonstance isolée, à la prohibition qui résultait contre eux de la règle générale précitée *Suprà* titre 1er, de s'immiscer dans ces sortes de ventes.

Mais cette attribution accidentelle leur a été retirée par l'art. 4 de la loi du 25 juin 1841, en sorte qu'aujourd'hui l'interdiction de prêter leur ministère pour les ventes d'objets mobiliers autres que des marchandises, est absolue pour eux; et bientôt nous verrons à quelles conditions leur intermédiaire est non seulement permis, mais exigé pour les ventes publiques de ces dernières sortes de choses.

SECTION III. — *De la vente des marchandises.*

Les dispositions relatives à la vente des marchandises aux enchères publiques étant différentes, suivant qu'il s'agit de marchandises neuves ou non, de ventes soit en gros, soit par lots d'une certaine valeur, ou bien de ventes en détail, il est nécessaire, pour les faire connaître, d'exposer séparément les règles qui gouvernent ces diverses hypothèses. Nous en ferons en conséquence l'objet de deux paragraphes distincts, après avoir défini en un premier paragraphe ce qu'on doit entendre par marchandises non neuves.

§ 1er. Observation préalable relative aux ventes de marchandises non neuves.

On ne doit réputer marchandises non neuves, exclues à ce titre des prohibitions de la loi du 25 juin 1841, que celles qui ne sortant pas des mains d'un consommateur font l'objet d'un négoce. (Paris, 26 mai 1842. S. D. 42-2-195), Ces sortes de marchandises tombant dans la catégorie des meubles en général; les règles touchant ceux-ci sont applicables à celles-là. Dès lors, à ce titre leur vente publique aux enchères étant soumise aux dispositions qui concernent les ventes de meubles, et que nous avons expliquées ci-dessus, sect. 1ʳᵉ et 2ᵉ du présent titre, il s'ensuit que le droit d'y procéder n'appartient qu'aux notaires, huissiers, greffiers et commissaires-priseurs, à l'exclusion des courtiers de commerce.

§ 2. De la vente des marchandises neuves en gros.

On doit entendre par marchandises neuves, dont la loi du 25 juin 1841 proscrit la vente en détail, toutes celles qui font l'objet d'un négoce et ne sortent pas des mains d'un consommateur. Ainsi les vins vendus par un négociant réunissant ces deux conditions doivent être réputés marchandises neuves. (Paris, 26 mai 1842, S. D. 42-2-195). Le droit exclusif de les vendre publiquement aux enchères est reconnu et consacré en faveur des courtiers de commerce par les décrets des 22 novembre 1811, 17 avril 1812, par loi du 15 mai 1818, et par les ordonnances des 1ᵉʳ juillet 1818 et 9 avril 1819, dont les dispositions ont été confirmées en ce point par l'article 6 de la loi du 25 juin 1841. Mais, en aucun cas, comme on vient de le dire, il ne peut être exercé par eux que sous la condition expresse que la vente aura lieu en gros; et sous cette locution on comprend la vente par lots d'une valeur dont on va voir que le législateur a pris soin de déterminer le minimum, tout en en confiant la fixation au tribunal. Ainsi la vente en gros, quand elle n'a pas lieu aux enchères publiques, n'entre pas dans le domaine exclusif des courtiers. La vente de vins à la pièce doit être considérée comme une vente en gros et non comme une vente en détail, dès lors le droit exclusif de procéder à de telles ventes aux enchères appartient, dans les cas et conditions déterminés par la loi, aux courtiers de commerce, dans les lieux de leur établissement, aux termes de l'article 6 de la loi du 25 juin 1841. Paris, 26 mai 1842, S. D. 42-2-195.

Il résulte des dispositions combinées de ces divers documents législatifs :

Que les ventes publiques de marchandises pourront être faites par eux avec l'autorisation du tribunal de commerce donnée sur requête. (Art. 1ᵉʳ du décret du 22 novembre 1811.)

Toutefois l'application de cette règle, qui par la généralité de ses termes comprenait toute espèce de marchandises, ayant été restreinte par un décret du 17 avril 1812, il résulte des dispositions qu'il a créées :

1° Qu'à Paris, les courtiers de commerce ne peuvent vendre à la Bourse et aux enchères, même après l'autorisation du tribunal de commerce donnée sur requête, que les marchandises désignées au tableau annexé au décret. (Art. 1ᵉʳ de ce décret.)

2° Que dans les autres villes, les tribunaux et

les chambres de commerce dresseront un état des marchandises dont il pourrait être nécessaire, dans certaines circonstances, d'autoriser la vente à la Bourse et aux enchères par le ministère des courtiers de commerce, et le soumettront à l'approbation du ministre des manufactures et du commerce. (Art. 2, *idem.*)

3° Que dans toutes les villes, toutes les fois qu'il s'agira de procéder à de telles ventes, et avant que les tribunaux de commerce puissent accorder leur autorisation, sauf les cas de faillite, les courtiers déposeront au greffe du tribunal de commerce une déclaration sur papier timbré du négociant, fabricant ou commissionnaire qui aura demandé la faculté de vendre aux enchères, etc., que néanmoins les tribunaux de commerce seront juges de la validité des motifs. (Art. 3. *id.*)

4° Que les lots ne pourront être, d'après l'évaluation approximative et selon le cours moyen des marchandises, au dessous de 2,000 fr. pour la place de Paris, et de 1,000 fr. pour les autres places de commerce. Que les tribunaux de commerce pourront les fixer à un taux plus élevé, mais que dans aucun cas les lots ne pourront excéder la valeur de 5,000 fr. (Art. 5, *idem.*)

5° Que les changements à introduire pour Paris, dans le tableau des espèces de marchandises que les courtiers peuvent vendre à la Bourse et aux enchères, dans les formes déterminées par le décret du 17 avril 1812, et l'article 74 de la loi du 15 mai 1818, seront fixés par le concours du tribunal de commerce et de la chambre de commerce de Paris, dans le même sens que l'ordonne pour le reste du royaume l'article 2 du décret précité ; mais ils n'émettront qu'un simple avis, qui sera soumis au ministre de l'intérieur, lequel statuera. (Ordonnance du 1er juillet 1818, art. 1er.)

6° Que les ventes publiques de marchandises à l'enchère faites par le ministère des courtiers pourront avoir lieu au domicile du vendeur, ou en tout autre lieu convenable dans les villes où il n'y a pas de local affecté à la Bourse et fréquenté par les commerçants. Qu'il sera prononcé sur cette faculté par les tribunaux de commerce. (Art. 1er de l'ordonn. du 9 avril 1819.)

7° Que, même dans les villes où la Bourse est ouverte et fréquentée, les tribunaux de commerce pourront permettre la vente à domicile ou ailleurs ; mais seulement dans le cas où ils estimeront que l'état ou la nature de la marchandise ne permet pas qu'elle soit exposée en vente à la Bourse, ou qu'elle y soit vendue sur échantillons. (Art. 2, *idem.*)

8° Que dans tous les cas l'ordonnance du tribunal fixera l'heure et le lieu des ventes. (Art. 3, *idem.*)

9° Que les tribunaux de commerce pourront, par leur ordonnance motivée, déroger à la fixation du maximum et du minimum de la valeur des lots portés au décret du 17 avril 1812, s'ils reconnaissent que les circonstances exigent cette exception; sous la réserve néanmoins qu'ils ne pourront autoriser la vente des articles pièce à pièce, ou en lots, à la portée immédiate des particuliers consommateurs, mais seulement en nombre et quantité suffisante d'après les usages, pour ne pas contrarier les opérations du commerce de détail. A l'effet de quoi les dispositions contraires du décret du 17 avril 1812 sont abrogées. (Art. 5, *idem.*)

10° Que les courtiers de commerce se conformeront aux dispositions prescrites par la loi du 22 pluviôse an VII, concernant la vente publique des meubles. (Art. 13 du décret du 17 avril 1812.)

Nota. Les jugements rendus par les tribunaux de commerce sur la requête du demandeur, dans les divers cas ci-dessus prévus, pourront être attaqués par lui ou par les tiers aux droits desquels la décision préjudiciera.

Au premier cas, le demandeur sera obligé de prendre la voie de l'appel, en se conformant à la marche tracée pour une hypothèse analogue par l'art. 858 du Code de procédure.

Au second, les tiers non parties au jugement se pourvoiront par opposition au tribunal qui a rendu ce jugement selon le mode tracé par l'art. 474 du dit Code; et même la jurisprudence leur reconnaît le droit de réclamer l'exercice de leur privilége, en se pourvoyant par action principale. Paris, 15 juin 1833, S. D., 33-2-339.

Dans les villes où il n'existe pas de courtiers de commerce, leurs fonctions et attributions appartiennent aux commissaires-priseurs, et, hors du chef-lieu de leur résidence, aux huissiers, greffiers et notaires concurremment avec eux. Ces officiers, remplaçant en ce cas les courtiers, sont soumis à l'observation des mêmes conditions et prescriptions que les premiers. Cas., 30 janvier 1839, S. D., 39-1-333; 13 mai 1840, S. D., 40-1-808; 9 décembre 1840, S. D., 41-1-32. Paris, 26 mai 1842, S. D., 42-2-195.

§ 3. De la vente des marchandises neuves en détail aux enchères publiques.

Lorsque les objets mobiliers à vendre se composent de marchandises neuves, la loi du 25 juin 1841, comme nous l'avons dit § 2, en interdit en principe général, par son art. 1ᵉʳ, la vente en détail à cri public, soit aux enchères, soit au rabais, soit à prix fixe proclamé, avec ou sans l'assistance des officiers ministériels.

Constatons, pour fixer la portée de la défense, qu'elle ne frappe que les ventes en détail à cri public, etc., d'où la conséquence qu'elle n'apporte aucune entrave aux modes de vente non compris en la nomenclature de l'article.

Ainsi les ventes en gros notamment demeurent régies, aux termes de l'art. 6, par la législation antérieure, qui exige l'autorisation préalable du tribunal de commerce et que nous venons d'expliquer § 2.

A cette prohibition générale établie par le législateur dans la vue de pourvoir aux intérêts du commerce sédentaire, et aux surprises faites à la bonne foi des acheteurs, la même loi introduit, par ses dispositions subséquentes, quelques exceptions qui modifient la généralité de l'interdiction créée en termes absolus par l'art. 1er précité. Nous allons indiquer d'abord les cas, ou, en d'autres termes, les classes d'exceptions, ensuite les conditions auxquelles l'admission de ces exceptions est soumise, puis nous ferons connaître en troisième lieu les peines établies par la même loi pour assurer l'observation de ses prescriptions.

Article 1er. Nomenclature ou catégorie desexceptions établies par la loi à la défense générale ci-dessus énoncée.

Cette catégorie comprend, aux termes de l'art. 2 de la loi du 25 juin 1841 précitée, les les diverses ventes ci-après énumérées, savoir :

Nombre 1. Les ventes en détail aux enchères publiques de marchandises neuves quand elles sont prescrites par la loi.

Nombre 2. Les mêmes ventes quand elles sont faites par autorité de justice.

La loi n'entend désigner comme telles que les ventes qui, d'après le Code de procédure, de commerce ou le Code civil, doivent nécessairement être faites aux enchères publiques, par exemple : celles qui ont lieu sur saisie-exécution, ou dans les cas prévus par les art. 452, 2078 du Code civil ; 945, 986, 1000 du Code de procédure ; 95 et 106 du Code de commerce ; ou enfin en vertu de jugements ou d'ordonnances rendus sur contestation, par exemple, dans le cas de l'art. 603 du Code civil.

En conséquence, on ne pourrait considérer, d'après cette définition, comme vente par autorité de justice, celle qui, quoique prononcée par sentence du juge, ne serait ordonnée qu'à la suite d'une liquidation de société entre personnes majeures et capables de transiger, pour qui la vente à l'amiable étant facultative, il n'y aurait pas nécessité de recourir à la justice pour l'ordonner, ni à l'emploi des formes judiciaires pour l'opérer. — *Sic* jugé à Paris le 6 juillet 1843, S. D., 43-2-309.

En un mot, ce n'est pas le fait de l'emploi réel des formes judiciaires qui confère à une vente la qualification légale indiquée par la loi, mais bien et uniquement la nécessité prescrite par la loi de cet emploi pour la validité de la vente mobilière, à laquelle il s'agit de procéder dans le cas particulier. Troplong, t. 2, n° 587.

Nombre 5. Les ventes après décès.

Nombre 4. Les ventes après faillites.

Nombre 5. Les ventes après cessation de commerce.

Nombre 6. Les ventes qui auront lieu dans tous les autres cas de nécessité, dont l'appréciation sera soumise au tribunal de commerce.

Nombre 7. Enfin les ventes à cri public, de comestibles ou d'objets de peu de valeur connus dans le commerce sous le nom de menue mercerie.

On doit restreindre la signification du mot *comestibles*, dans le sens de la disposition , aux articles d'une difficile conservation; aux articles d'une alimentation habituelle et journalière; aux articles qui, sous le rapport du prix et du lieu de la vente, doivent être mis à la portée de cette partie de la population qui ne peut sans dommage s'éloigner de ses ateliers; aux articles dont la vente à cri public ne saurait porter un grand préjudice aux marchands sédentaires et établis faisant le commerce des comestibles en général; enfin aux articles sur lesquelles la police peut exercer une facile et immédiate surveillance.

En conséquence, et après avoir fixé dans les termes qui précèdent, l'acception légale que devait recevoir de la part des tribunaux l'expression *comestibles* du § 2 de l'article 2 de la loi du 25 juin, la cour de cassation, par arrêt du 13 mai 1843, a décidé que l'exception créée par le § ne saurait être appliqué au chocolat, substance alimentaire, il est vrai, mais substance composée qui peut se conserver, qui n'est pas d'un usage habituel, surtout pour toutes les classes de la société, et qui n'est pas d'une valeur à la portée de tous. Par suite de cette interprétation, elle a cassé un jugement du tribunal d'Auxerre qui avait statué en sens contraire. La cause renvoyée devant la cour royale de Paris, y a reçu de sa part une solution conforme à la doctrine professée par la cour suprême; sa décision du 19 juillet 1843 est, ainsi que celle de la cour de cassation, rapportée au recueil de S. D. 43-1-807.

Enfin, par un autre arrêt du 26 mai 1842, S. D. 42-2-195, la même cour de Paris avait déjà décidé que le vin était du nombre des marchandises neuves, compris dès lors sous cette dernière dénomination dans l'art. 1ᵉʳ de la loi du 25 juin précitée.

Art. 2. Conditions apposées par la loi à l'application de quelques-unes de ces exceptions.

Elles sont déterminées, par les articles 4 et 5 de la loi du 25 juin 1841. Et comme elles ne s'appliquent qu'à celles des ventes désignées sous les nombres 4, 5 et 6 ci-dessus énoncées, il s'ensuit que pour les autres, la faculté de vendre les marchandises en détail aux enchères publiques reste la même que pour toutes autres choses corporelles mobilières.

Il ne s'agit donc que de déterminer quelles sont les conditions relativement à chacun des cas de vente prévus par les nombres cités ; nous allons le faire dans les numéros suivants.

Numéro 1er. Vente après faillite, prévue nombre 4 de l'article qui précède.

Nous devons d'abord, en ce qui touche les ventes de marchandises neuves aux enchères après faillite, prévenir que, si elles doivent avoir lieu en gros, le droit d'y procéder à l'exclusion de tous autres officiers publics est maintenu aux courtiers de commerce par les articles 6, 9 et 10 de la loi du 25 juin 1841. En effet, la réserve de leur privilége à cet égard étant faite en termes généraux et absolus, embrasse tous les cas indistinctement, par conséquent ceux de faillite ; d'où il suit que le choix du juge commissaire ne peut s'exercer, dans l'hypothèse de la première disposition de l'article 4, que parmi les officiers de la classe à laquelle la loi confère capacité pour la vente de l'espèce qu'il s'agit d'opérer.

En conséquence, suivant que les marchandises devront être vendues en gros ou en détail, il devra, au premier cas, déterminer que l'officier qui en sera chargé sera pris parmi les courtiers de commerce ; et au second, indiquer soit la corporation des commissaires-priseurs, soit celles des autres officiers publics, exclusivement ou concurremment, selon la localité où devra se faire la vente.

Cette conclusion résulte d'une manière incontestable, suivant nous, et de l'article 486 du Code de commerce, et de l'article 5 de la loi précitée du 21 juin ; car le premier lui fait un devoir, quand il se prononce pour la vente aux enchères publiques, ou des meubles, ou des marchandises, de décider qu'elle aura lieu par l'entremise de courtiers ou de tous autres officiers publics préposés à cet effet. Donc il doit respecter les attributions de capacité réglées par les lois spéciales à chaque classe de fonctionnaires. L'article 5, d'un autre côté, nous paraît offrir en faveur de cette conséquence un argument irrésistible, car il impose au tribunal entier l'obligation de respecter les attributions respectives des officiers ayant droit de vendre ; c'est donc seulement quand il s'agit de la vente en détail desdites marchandises, que l'art. 4 de la même loi donne au juge commissaire le pouvoir de déterminer la classe dans laquelle sera obligatoirement pris l'officier public par le ministère duquel il y sera procédé. Mais en tous les cas la mission du juge commissaire est limitée à la désignation de la classe ; quant à celle de la personne entre les fonctionnaires de cette classe, elle est attribuée expressément aux syndics par le même article 486 du Code de commerce précité.

Numéro 2. Vente, soit après cessation de commerce, soit dans tous les cas de nécessité, autres que ceux qui étant déterminés par les nombres 1, 2, 3 et 4 de l'art. 1er qui précède comprennent les hypothèses des nombres 5 et 6 du même article.

La loi précitée du 25 juin ayant déclaré, article 2, que l'appréciation des cas de nécessité serait soumise au tribunal de commerce, a voulu subordonner aussi à son examen la sincérité de la circonstance alléguée du cas de cessation de commerce.

En conséquence, elle exige, art. 5, que les ventes publiques et par enchères après cessation de commerce, ou dans les autres cas de nécessité ci-dessus spécifiés, ne puissent avoir lieu qu'aux conditions suivantes. *Vide infrà* titre 2 de la 2ᵉ partie.

Savoir : 1° Qu'elles auront été préalablement autorisées par le tribunal de commerce sur la requête du commerçant propriétaire, à laquelle sera joint un état détaillé des marchandises.

2° Que le tribunal constate par son jugement le fait qui donne lieu à la vente.

3° Qu'il indique le lieu de son arrondissement où se fera le vente.

4° Qu'il puisse même ordonner que les adjudications n'auront lieu que par lots dont il fixera l'importance.

5° Qu'il décide, d'après les lois et les réglements d'attribution, qui des courtiers ou des commissaires-priseurs et autres officiers publics sera chargé de la réception des enchères.

6° Que l'autorisation demandée pour cause de

nécessit? ne puisse être accordée qu'au marchand sédentaire ayant depuis un an au moins son domicile réel dans l'arrondissement où la vente doit être opérée.

7° Que des affiches apposées à la porte du lieu où se fera la vente énoncent le jugement qui l'aura autorisée.

8° Que dans tous les cas où les ventes publiques seront faites par le ministère des courtiers, ils se conforment aux lois qui les régissent, tant pour les formes de la vente que pour les droits de courtage.

9° Enfin que dans les lieux où il n'y aura point de courtiers de commerce, les commissaires-priseurs, les notaires, les huissiers et greffiers de justice de paix, fassent les ventes dont il s'agit selon les droits qui leur sont respectivement attribués par les lois et règlements, et qu'ils soient pour lesdites ventes soumis aux formes, conditions et tarifs imposés aux courtiers de commerce. A quoi il faut ajouter que la vente en gros ou par lots ne serait passible que du droit d'enregistrement de 50 c., conformément à l'art. 54 de la loi du 15 mai 1818, quand même dans le cas exceptionnel où les commissaires-priseurs et autres ci-dessus nommés étant appelés à suppléer les courtiers de commerce, ce serait par leur ministère qu'il y serait procédé.

Art. 3. Peines établies pour assurer la sanction des règles qui font l'objet des articles 1 et 2 qui précèdent.

Elles sont déterminées par l'article 7 de la loi du 21 juin précitée, portant que : toute contravention aux dispositions des articles précédents sera punie de la confiscation des marchandises mises en vente, et en outre d'une amende de 5o fr. à 3,000 fr., qui sera prononcée solidairement tant contre le vendeur que contre l'officier public qui l'aura assisté, sans préjudice des dommages-intérêts, s'il y a lieu. Ainsi l'action civile en réparation du préjudice que la vente leur aura causée est réservée à tous ceux qui en auront ressenti un dommage quelconque: c'est un hommage rendu au principe général posé par l'article 1383 du Code civil, c'est la déclaration que les peines de confiscation et d'amende ne feront pas obstacle à ce que les parties lésées puissent demander la réparation du tort que l'infraction commise leur aura causé. Et sous la dénomination de parties, nous comprenons les officiers publics aux droits attributifs desquels il aura été porté atteinte par le mode de la vente, ou par le choix du fonctionnaire employé au cas particulier.

Par ces mots, *mises en vente,* le législateur a voulu atteindre le fait de la simple exposition en vente avec intention démontrée par les circonstances concomittantes de vendre aux enchères publiques, et frapper de confiscation toutes les marchandises que les mêmes circonstances indiquent être destinées dans la pensée du vendeur à alimenter la vente (voir le rapport de M. Delespaule sur le projet de loi). *Sic* jugé à Paris, le 26 mai 1842, dans une espèce où nulle adjudication n'avait encore été prononcée, lorsque l'officier public avait renoncé à continuer la vente commencée par une déclaration publique de mise aux enchères. S. D. 42-2-295.

Mais la confiscation a été en cette cause restreinte à la seule fraction des objets à vendre qui avait été exposée aux enchères au moment où l'opération fut arrêtée par l'intervention de l'autorité.

Cette application ne nous paraît pas légale; nous pensons que la confiscation doit s'étendre conformément à la théorie que nous venons d'indiquer.

Et notre opinion a été, depuis l'arrêt de Paris, adoptée par la cour de Rouen le 29 juin 1843. S. D. 43-2-310.

Afin d'atteindre les moyens détournés à l'aide desquels on tenterait d'éluder la prohibition de la loi et l'application du texte qui définit la contravention, l'article 8 déclare passibles des mêmes peines les vendeurs ou officiers publics qui comprendraient sciemment dans les ventes faites par autorité de justice, sur saisie, après décès, faillite, cessation de commerce, ou dans les autres cas de nécessité prévus par l'article 2 de la loi, des marchandises neuves, ne faisant pas partie du fonds ou mobilier mis en vente.

Enfin l'article 7 porte : que les condamnations dont il s'agit seront prononcées par les tribunaux correctionnels.

CHAPITRE III.

De la forme de l'acte destiné à constater la vente, et des effets du procès-verbal qui en est rédigé.

SECTION Ire.— *Forme de l'acte de vente.*

Les règles établies pour les commissaires-priseurs, notaires, huissiers, greffiers de justice de paix, par la loi du 22 pluviôse an VII, étant déclarées obligatoires, comme nous l'avons dit, pour les courtiers de commerce par l'article 13 du décret du 17 avril 1812, il n'y a pas lieu à faire de distinction entre ces derniers et les autres officiers publics ci-dessus désignés, relativement au mode d'accomplissement de cette partie de leurs fonctions.

Les formalités à remplir précèdent, accompagnent, ou suivent la vente, nous devons donc les considérer dans ces trois phases.

§ 1er. Formalités qui précèdent la vente.

Première formalité. — Elle consiste, en une déclaration que l'officier public est tenu de faire préalablement au bureau de l'enregistrement dans la circonscription duquel la vente doit avoir lieu. (Art. 2 de la loi du 22 pluv. an VII.)

Comme la loi n'exige pas l'observation d'un délai quelconque entre la déclaration et la vente, il suffit, à la rigueur, qu'elle soit faite immédiatement avant le commencement de la vente. Mais aussi, lors même qu'à raison de circonstances particulières, il doit y avoir d'abord adjudication préparatoire, puis après le délai fixé par la loi, adjudication définitive, la déclaration doit précéder la première. Bruxelles 23 juin 1824, S. D. 25-2-379.

Elle peut être faite par un mandataire, dont la procuration soumise au timbre, n'est passible d'aucun droit d'enregistrement. (Délibération de la régie du 30 novembre 1830.) Elle doit rester annexée au registre, Décision min., fin., inst., 31 août 1808. Elle doit être spéciale, et il en faut une pour chaque déclaration, (Décision min., fin., 5 novembre 1811.) Elle ne pourrait être suppléée par une lettre missive au receveur. Cas. 24 novembre 1806, S. D. 7-2-937.

La déclaration contient les noms, qualité et domicile de l'officier, ceux du requérant, ceux de la personne dont le mobilier va être vendu, ou des personnes si ce sont des individus différents. Elle indique les jour et lieu de la vente ; elle est datée, inscrite sur un registre côté et paraphé par le juge de paix, tenu à cet effet par le receveur de l'enregistrement, qui en délivre copie à l'officier déclarant, sans autres frais que ceux du timbre de cette copie. (Art. 4 *idem.*)

Une déclaration ne peut servir que pour le mobilier de celui ou de ceux qui y sont dénommés. (*Idem.*) En cas de discontinuation de la vente sans remise à un jour indiqué, il faut une nouvelle déclaration pour recommencer. Cas. 23 juillet 1828, S. D. 28-1-433.

DISPENSE. — Aux termes de l'art. 9 de ladite loi du 22 pluviôse an VII, les officiers qui procèdent aux ventes du mobilier national et à celles des effets des Monts-de-Piété sont dispensés de déclaration.

Quand la vente est remise ou continuée à un autre jour, il n'est pas nécessaire de faire une nouvelle déclaration, pourvu que le jour de reprise projeté soit indiqué sur le procès-verbal ; c'est la conséquence *à contrario* de l'arrêt de cassation que nous venons de citer.

Deuxième formalité. — *Nota.* A Paris, aux termes des arrêtés du gouvernement du 13 frimaire et du 29 germinal an IX art. 8, les commissaires-priseurs sont tenus de faire 24 heures au moins avant la vente, quand elle n'a pas lieu par autorité de justice, à leur chambre de discipline, une déclaration identique. De l'art. 9 du dernier arrêté, nous inférons la conséquence que ceux d'entre eux qui sont spécialement attachés à l'établissement du Mont-de-Piété ne jouissent pas, en ce qui concerne cette déclaration, de la dispense que la loi leur accorde relativement à celle qu'elle prescrit au bureau du receveur de l'enregistrement préalablement à toute vente en général.

Troisième formalité. — Lorsque les objets à vendre sont composés en tout ou en partie de matières d'or et d'argent, il faut, ou qu'ils soient brisés par le commissaire-priseur, ou soumis préalablement, soit au contrôle s'ils ne l'ont pas été primitivement, soit au récens s'ils ont subi la formalité, et alors l'apposition d'un nouveau poinçon constate cette vérification. Afin d'assurer l'exécution de ces mesures, une circulaire du 28 juin 1823 du directeur général des contributions indirectes prescrit aux commissaires-priseurs d'en faire une déclaration préalable à l'administration de la monnaie.

Toutefois il a été jugé en Cass. le 25 février 1837, S. D. 37-1-829, que le commissaire-priseur qui vend aux enchères des ouvrages d'or ou d'argent non revêtus du poinçon de garantie, même sans déclaration préalable de la vente à l'autorité compétente, n'est point passible des peines prononcées par la loi du 19 brumaire an VI contre les fabricants et marchands pour défaut de poinçonnage, mais seulement de poursuites disciplinaires. Voir notre nouvelle législation du notariat pages 91 et suivantes.

Quatrième formalité. — Deux circulaires du garde des sceaux, en date des 13 juillet 1824 et 9 novembre 1831, prescrivent aux officiers publics chargés de faire les ventes de meubles, de donner, préalablement à la mise en vente, avis au bureau de la librairie dans les villes où il y en a un, et au procureur du roi dans les autres, de toutes les ventes de presses, caractères, ustensiles d'imprimerie auxquelles ils ont mission de procéder.

Cinquième formalité. — Comme l'arrêté du gouvernement du 3 germinal an IX ordonne l'exécution des lettres-patentes des 28 juillet 1783, qui obligeaient les entrepreneurs de manufactures, orfèvres, horlogers, graveurs, fourbisseurs et autres artistes et ouvriers faisant usage de presses, moutons, laminoirs, balanciers et coupoirs à en obtenir la permission; il est du devoir des officiers qui vendent de semblables outils de prévenir les adjudicataires de ces dispositions que ceux-ci pourraient ignorer.

A Paris, une ordonnance de police du 4 prairial an IX place ces permissions dans le domaine du préfet de police.

Pour l'exécution de cette ordonnance, la chambre des commissaires-priseurs a, par délibération du 11 juillet 1811, enjoint à tous les membres de la corporation de donner à la préfecture de police, dans les 24 heures de la vente, les noms des adjudicataires de ces sortes d'objets.

Sixième formalité. — A Paris encore, quand la vente comprend des chevaux dont l'adjudication doit avoir lieu à domicile, le commissaire-priseur chargé d'y procéder doit en donner avis préalable à la préfecture de police, pour qu'ils soient soumis à la vérification.

Septième formalité. — A Paris, quand la vente a pour objet une ou des voitures de place, il est des conditions que doit remplir le commissaire-priseur pour se conformer aux règles prescrites par les ordonnances des 6 vendémiaire an IX et 25 juillet 1809, qui portent, savoir : la première, art. 6, « Que quand un loueur de « carrosses voudra cesser de faire rouler une ou « plusieurs voitures, il en fera la déclaration à la « police, qui désestempillera la ou les voitures, « et lui en donnera certificat ; le tout à peine « de 50 fr. d'amende, tant contre le vendeur « que contre l'acheteur. »

Et la deuxième, art. 27, « Qu'aucun carrosse « de place ne pourra être vendu sans une dé- « claration préalable à la préfecture de police, « tant par le vendeur que par l'acheteur. »

Huitième formalité. —Toujours à Paris, deux lettres du préfet de police des 25 mars 1825 et 24 décembre 1831, recommandent aux commissaires-priseurs, 1° de déclarer, deux jours au moins à l'avance, les ventes de préparations pharmaceutiques et médicales ;

2° De faire examiner préalablement à la vente par des personnes de l'art, les substances présumées dangereuses, dont le débit n'est confié qu'à des pharmaciens ;

3° Enfin, de ne recevoir d'enchères sur ces objets que de pharmaciens ayant le diplôme voulu par l'art. 25 de la loi du 21 germinal an XI.

Ces prescriptions n'ayant pour conséquence que l'exécution des dispositions de la loi citée du 21 germinal an XI, et de l'arrêté consulaire du 23 thermidor suivant, et pour objet que de prévenir les infractions que l'admission de tout enchérisseur tendrait à favoriser, doivent être observées dans tout le royaume par les officiers publics chargés des ventes de ces sortes d'objets.

§ II. Formalités qui accompagnent la vente.

Première formalité. — Aux termes de l'art. 5 de la loi du 22 pluviôse an VII, le fonctionnaire qui y procède doit transcrire en tête de son procès-verbal la copie de sa déclaration qui lui a été délivrée par le receveur; mais il ne pourrait écrire ce procès-verbal sur la feuille et à la suite de cette copie donnée par le receveur, il commettrait une contravention à l'art. 23 de la loi du 13 brumaire an VII sur le timbre.

La loi précitée de pluviôse, spéciale sur la matière, n'établit que quelques règles dans la rédaction des procès-verbaux; nous allons les indiquer, et en même temps suppléer celles que la nature de ces actes paraît exiger, et que l'usage a consacrées.

Deuxième formalité. — En général la vente

peut avoir lieu un jour de dimanche et de fête. Cass., 2 août 1828.

Troisième formalité.—L'acte de la vente que rédige le fonctionnaire qui y procède doit être daté des an, mois, jour et heure; il doit y mentionner ses prénoms, nom, demeure et sa qualité, afin que cet acte fasse, par les énonciations mêmes qu'il renferme, preuve que le rédacteur possède la capacité requise. (Argument des art. 61, 586 du Cod. de proc. civ., et 1317 du Cod. civ., 12 de la loi du 25 ventôse an XI.) Il doit en outre, s'il est assujetti à la patente par la législation, y faire mention de celle qui lui a été délivrée. *Vid. infrà*, chap. 4, tit. 3, 1re partie.

Quatrième formalité. —Il contient les nom, prénoms, profession et demeure du requérant, ainsi que de celui à qui appartient le mobilier, s'ils sont distincts. *Vid.*, pour les cas de nécessité d'énonciation de la patente du requérant, *infrà*, chap. 4, tit. 3, 1re partie. Quant à la désignation de l'acheteur, voir *infrà*, 23e formalité.

Cinquième formalité. — Il indique l'acte en vertu duquel il procède à la vente lorsqu'elle n'a pas lieu par suite du consentement volontaire du propriétaire. Cette précaution p n'estas à la vérité textuellement prescrite par la loi, mais la règle nous paraît résulter implicitement de la disposition de l'art. 5 de la loi de pluviôse, portant que lorsqu'une vente aura lieu par suite d'inventaire, il en sera fait mention au procès-verbal avec indication de la date de cet inventaire, du nom du notaire qui y aura procédé et de la quittance de l'enregistrement.

Sixième formalité. — Il énonce les clauses et conditions de la vente et de terme qui est accordé aux adjudicataires quand la vente n'a pas lieu au comptant. En effet, l'art. 3 de la loi du 27 ventôse an IX l'autorise à recevoir toute déclaration concernant lesdites ventes. L'art. 6 de l'ordonnance du 26 juin 1816 reproduit la même disposition, et dans un arrêt du 20 décembre 1833, rapporté S. D. 37-1-181, la cour de Nancy déclare que l'on doit entendre par déclaration, celle d'un crédit comme de toute autre stipulation.

Observation. — On avait prétendu que les officiers publics qui procèdent aux ventes de meubles ne pouvaient les faire qu'au comptant, et que toutes les fois qu'elles avaient lieu avec stipulation de terme, elles sortaient du domaine des commissaires-priseurs, huissiers, greffiers de justice de paix, et par conséquent aussi de celui des courtiers de commerce, pour rentrer dans les attributions des notaires, auxquels seuls entre les fonctionnaires publics la loi a confié le pouvoir de constater authentiquement les conventions des parties. Art. 1er de la loi du 25 ventôse an XI.

Mais ce système, après avoir été adopté par

quelques cours royales, est venu échouer devant cette puissante considération que la stipulation d'un terme en faveur des adjudicataires ne peut, dans une vente de meubles, avoir d'effet préjudiciable que relativement à l'officier public qui y procède en ce qu'elle l'expose aux démarches de recouvrement, et à la chance d'une perte en cas de non recouvrement. Car l'art. 625 du Code de procédure civile le rendant personnellement responsable du prix des adjudications, il s'ensuit que la clause lui impose la nécessité de suivre à ses risques et périls la foi et la solvabilité des acheteurs.

Aussi la cour de cassation, qui d'abord avait paru sympathiser sur ce point de doctrine avec les cours royales, est-elle revenue par un changement positif de jurisprudence à l'opinion diamétralement opposée, en sorte qu'aujourd'hui la solution de la question est irrévocablement mise hors de controverse par un arrêt solennel du 8 mars 1837. S. D. 37-1-181.

Du reste nous venons de voir par le principe qui a servi de base à l'arrêt de la cour de Nancy, confirmé en cassation : 1° que l'on peut, par application de la loi du 27 ventôse an IX, insérer au procès-verbal toute espèce de clauses et de conditions, sous la seule réserve qu'elles ne dérogent pas aux lois qui intéressent l'ordre public et les bonnes mœurs. (C. civ., art. 6), qu'elles ne soient ni impossibles, ni prohibées par la loi (C. civ., 1172); 2° que toutes les stipulations de ce procès-verbal deviennent obligatoires pour ceux qui, en faisant des enchères, sont virtuellement réputés exprimer ainsi leur consentement à les observer. Cod. civ., art. 1134.

C'est en conséquence, et par application de ces préceptes, qu'il a été jugé à Colmar, le 17 janvier 1831. S. D. 32-2-37, que l'on pouvait, en chargeant un commissaire-priseur de procéder à une vente, renoncer au bénéfice de la responsabilité à laquelle sont soumis de droit les officiers publics qui procèdent aux ventes d'effets mobiliers, relativement aux prix des adjudications qu'ils sont obligés de représenter aux ayant-droit. Cod. proc., art. 625.

Mais la seule stipulation d'un terme consenti par le vendeur aux acheteurs emportera-t-elle de droit, par le seul effet de l'interprétation tacite de l'intention des parties résultant uniquement de cette clause, décharge en faveur de l'officier public de la responsabilité du prix que la loi fait peser sur lui envers le vendeur?

Non. Il faudra une renonciation expresse. Cette décision est la conséquence d'abord, de l'obligation que le droit commun fait peser sur le commissaire-priseur aux termes de l'art. 625 précité. ensuite de la règle générale et absolue de l'art. 1315 du Code civil, qui astreint toute personne soumise à une obligation quelconque légale ou de convention, sans distinction de sa nature, à prouver sa libération pour être exonérée d'en subir les conséquences.

Septième formalité. —Le choix du crieur, qui est le mandataire du commissaire-priseur, appartient en général, par cette raison, à cet officier public, et le propriétaire du mobilier ne peut se charger de la mission de crier. (Décision du ministre de la justice du 29 juin 1829.) Mais si le commissaire-priseur n'avait aucune raison valable de refuser le crieur présenté par le propriétaire qui le paie, ce dernier aurait le droit d'exiger qu'il l'acceptât.

Quant aux choses à vendre, il est des règles qu'à cet égard doit observer le commissaire-priseur, sous peine de responsabilité pécuniaire et même pénale.

Huitième formalité.—Ainsi il ne doit pas permettre que l'on expose en vente et en tous cas que l'on mette aux enchères, les choses qui ne peuvent faire l'objet d'un contrat en général, art. 1128, Code civil, et particulièrement d'un contrat de vente, art. 1598 du même Code.

Tels sont : les livres proscrits, les gravures ou lithographies prohibées, ou dont la publicité n'est pas autorisée, conformément à la loi du 9 septembre 1835 et à l'ordonnance du même jour, les dessins ou tableaux obscènes ou séditieux. Car alors la cause de l'acquisition faite par l'enchérisseur serait illicite, art. 1133 du

Code civil, et elle vicierait de nullité la vente, art. 1131 du même code.

Neuvième formalité.—Il ne pourrait non plus vendre des tabacs en feuille, provenant d'autre mobilier que de celui d'un cultivateur autorisé. (Article 217 de la loi du 28 avril 1816.)

Quant aux tabacs fabriqués, il ne doit mettre en vente que ceux provenant des manufactures royales, et encore en doit-il restreindre la vente à la quantité de dix kilogr., à moins que les tabacs ne soient revêtus des marques et des vignettes de la régie. (Art. 217 de la loi précitée.)

Et lors même qu'ils seraient revêtus de ces marques et vignettes, s'il s'agissait de tabacs réduits dits de *cantine*, dans les lieux où la vente en est autorisée, le commissaire-priseur ne pourrait pas, dans la vente du mobilier d'une personne, permettre qu'on en proposât à l'adjudication aux enchères plus de trois kilogr. de cette espèce. (Art. 5 de la loi du 24 juillet 1843.)

Ces préceptes sont la conséquence légale des dispositions de loi précitées, qui ne permettent pas que dans la consommation l'approvisionnement excède les quantités ci-dessus par chaque individu, et ils doivent être appliqués par suite du calcul établi d'après le nombre des possesseurs d'où provient le mobilier à vendre.

Dixième formalité.—Les mêmes causes d'élimination s'appliquent par une identité de motifs aux armes, ou prohibées, telles que poignards, fusils et pistolets à vent (déclaration du 23 mars 1728, décrets des 2 niv. an XIV, 12 mars 18 6), pistolets de poche (ordonn. du 23 février 1837), ou dont l'achat et la vente sont prohibés, telles que les armes de guerre (loi du 24 mai 1834).

Onzième formalité. — Elles doivent encore être observées relativement aux poudres, cartouches et munitions de guerre, dont la fabrication et même la simple détention en quantité quelconque sont prohibées, et en outre relativement à la poudre ordinaire de chasse, dont il est interdit à tout individu non autorisé d'avoir en sa possession une quantité excédant 2 kilog. (décret du 22 pluv. an XIII, loi du 24 mai 1834, Cass. 16 mai 1839, S. D. 39-1-773).

Douzième formalité. — S'il s'agissait de vases sacrés, ce qui peut se présenter par exemple : au cas de vente du mobilier d'un château dont dépend une chapelle ; l'usage a consacré la mesure préalable à la mise aux enchères des objets destinés au culte divin, d'appeler un ministre de la religion aux cérémonies de laquelle ils sont destinés pour en opérer la déconsécration.

Treizième formalité. — Quant aux vins, cidres, etc., et aux spiritueux, le commissaire-priseur n'est astreint à l'accomplissement d'aucune formalité antérieure ou postérieure à la vente envers les préposés de la Régie ; la raison en est que l'impôt indirect assis sur les boissons en général ne frappe leur mutation ¦de pro-

priété qu'autant qu'il y a transport ou déplacement, et qu'en raison de chaque enlèvement ou
déplacement. C'est là le principe fondamental
posé en cette matière par l'art. 1er du chap. 1er
de la loi du 28 avril 1816. En conséquence c'est
aux adjudicataires à faire la déclaration préalable
et à acquitter le droit dû avant d'opérer l'enlèvement des boissons par eux achetées ; à moins
qu'ils n'en soient dispensés par suite de la perception du droit de détail faite à l'entrée des
boissons dans les villes où, comme à Paris, les
règlements locaux l'ont ainsi déterminé en vertu
de la faculté accordée par la loi.

Quatorzième formalité. — Nous croyons devoir saisir cette occasion pour rappeler qu'aux
termes de l'art. 1587 du Code civil, à l'égard du
vin. de l'huile et des autres choses qu'on est
dans l'usage de goûter, avant d'en faire l'achat,
il n'y a point de vente tant que l'acheteur ne les
a pas goûtées et agréées.

Or, ces dispositions n'admettant point de distinction dans leur application, on doit tenir
pour certain qu'elles régissent toutes les ventes
sans exception, quelle que soit la forme en laquelle elles aient lieu, et par conséquent les
ventes publiques aux enchères comme les autres.

L'officier public vendeur devra donc se conformer aux prescriptions de cet article, dès lors
il ne déclarera et ne pourra régulièrement déclarer l'enchérisseur adjudicataire, que sous

la condition de dégustation et d'acceptation préalable à laquelle le même article subordonne la perfection de la vente, car il faut remarquer que le texte imprime à cette condition le caractère suspensif et non le caractère résolutoire.—Il ne dit pas *la vente cessera* d'avoir lieu ou effet, si l'acheteur n'agrée pas le vin, etc., mais *il n'y aura vente* qu'autant que, etc., donc jusqu'à dégustation et acceptation approbative, il n'y a pas vente, mais simplement projet, donc la condition suspend la formation de la convention.

Si l'acheteur conditionnel n'agrée pas, la chose sera remise en vente ou restera au vendeur comme invendue.

Mais si la vente avait eu lieu sur échantillon goûté par l'adjudicataire avant son enchère, alors elle serait parfaite, sauf la délivrance lors de laquelle la conformité de la chose avec l'échantillon serait vérifiée. Ce n'est pas que si cette conformité ne se rencontrait pas, l'acheteur serait tenu de recevoir une chose autre ou de qualité inférieure à celle qu'on a déclaré lui vendre et qu'il a entendu acquérir, mais nous voulons constater que cette circonstance n'altérerait en rien la validité et la perfectibilité de la vente, et que dès lors le contrat autoriserait l'adjudicataire à se pourvoir contre le vendeur pour réclamer l'application du droit qu'accordent à l'acheteur en ce cas les art. 1610, 1611 et suivants du Cod. civ.

Quinzième formalité. — Quand l'officier public procède à une vente à la criée, il ne peut prononcer l'adjudication de l'objet destiné à être vendu par son ministère au profit de qui que ce soit, qu'après avoir par la publicité de la mise provoqué les enchères.

Aux termes de l'article 38 du décret du 14 juin 1813, les huissiers ne peuvent, ni directement, ni indirectement, se rendre adjudicataires des objets mobiliers qu'ils sont chargés de vendre, sous peine de suspension pendant trois mois et d'une amende de 100 fr. par chaque article acheté ainsi par l'huissier vendeur, sans préjudice de plus fortes peines dans les cas prévus par le Code pénal. La récidive, dans quelque cas que ce soit, entraîne toujours la destitution.

Nous citons ces dispositions, non comme établissant des prohibitions particulières aux huissiers, mais comme contenant des défenses applicables à tous officiers publics vendeurs de meubles. La raison en est, que si le décret, par l'article précité, ne fait qu'exprimer relativement aux huissiers cette règle, c'est parcequ'il ne s'occupait en cet acte législatif que de ces fonctionnaires exclusivement, et que d'ailleurs il formulait seulement une conséquence pour eux du principe général établi par l'article 1596 du Code civil pour tous mandataires chargés de vendre la chose du mandant.

En outre, si l'officier public ne provoquait pas par la publicité de la mise les enchères sur chaque objet à vendre, il faillirait à sa mission, il sortirait des attributions de son ministère, dont les fonctions consistent, aux termes de la loi de son institution, à faire les ventes publiques et aux enchères, c'est-à-dire avec publicité et par la voie des enchères pour la fixation du prix.

D'où il suit que pour une vente non publique ou qui ne se ferait pas par la voie des enchères, et qui aurait lieu à l'amiable entre le vendeur et les acheteurs, son ministère cesserait d'être légal, en ce sens que l'acte qu'il en dresserait ne rentrerait pas dans le cercle de ses attributions.

S'il faut qu'il y ait provocation ou possibilité des enchères de la part des amateurs, il n'est pas nécessaire pour la validité de l'opération qu'il en survienne.

En conséquence, la mise à prix annoncée par l'officier public étant l'offre faite publiquement par lui au nom de celui ou de ceux dans l'intérêt desquels se fait la vente, d'adjuger l'objet à ce prix, il s'ensuit que si cette offre est acceptée et qu'elle ne soit couverte par aucune enchère, avant que l'officier public prononce l'adjudication au profit de l'offrant, ce dernier devient propriétaire de la chose par l'effet de cette adjudication, qui est l'expression formulée de l'acceptation de son offre, et réalise

les éléments du contrat de vente d'après la définition de l'article 1583 du Code civil.

Seizième formalité. — A défaut de disposition
législative sur les règles à observer en matière
de vente mobilière pour déterminer l'effet légal
de toute enchère ou mise à prix relativement à
celui qui la fait, doit-on, par analogie, appliquer
les principes établis par le second paragraphe
de l'article 705 du Code de procédure civile,
placé au titre de la vente par suite de saisie-
immobilière, et décider que tout enchérisseur
est obligé par sa mise et qu'il ne cesse de l'être
que quand elle est couverte?

La solution de la question doit dépendre,
suivant nous, de la nature forcée ou volontaire
de la vente.

Pour celle de la première espèce, l'affirmative résulte d'abord de l'argument de similitude
tiré de l'article 705 précité, et ensuite plus spécialement de celui que présente le texte de
l'article 624 du même Code réglant le mode des
ventes mobilières par suite de saisie-exécution.
En effet, cet article porte que l'adjudication sera
prononcée au profit du plus offrant, et qu'il n'y
aura lieu à revente qu'à défaut de paiement
comptant du prix, auquel cas il y sera procédé
à la folle enchère c'est à dire, aux risques de
l'adjudicataire.

Or, le législateur en déclarant obligatoire pour
l'officier public vendeur la prononciation de

l'adjudication en faveur du plus offrant, décide virtuellement que la mise acquiert à celui qui la fait le droit d'exiger la déclaration de vente à son profit ; dès lors il décide virtuellement aussi par une conséquence forcée, que cette mise l'engage réciproquement à en solder le montant comme prix de l'acquisition qu'elle lui obtient. En effet, il est tellement réputé propriétaire par la suite légale de sa mise, que s'il ne paie pas, c'est à sa folle enchère que la chose est revendue, et la loi ne donne la qualification de fol enchérisseur qu'à celui qui est devenu propriétaire moyennant un prix déterminé par la mise qu'il a faite dans la vente publique de cette chose. Code proc., art. 624.

De cette digression, il résulte qu'en matière de vente mobilière forcée, il faut tenir qu'il en doit être par analogie, comme en matière de vente sur saisie réelle, qu'ainsi :

1° Tout metteur ou enchérisseur est obligé, par l'effet de sa mise qui le rend propriétaire sauf la condition résolutoire d'une mise supérieure ; que dès lors il ne pourrait se délier par un changement quelconque de volonté, par exemple ; par une renonciation à son projet d'achat ; car l'enchère qu'il a faite rend forcée la déclaration d'adjudication à son profit, aux termes de l'article 624 du Code de procédure précité ;

2° Que par un corollaire de cette conclusion

une enchère supérieure couvrant sa mise et produisant au profit de celui qui la fait, un effet identique à la conséquence transmissive que nous venons d'assigner à la première, fait cesser, par la résolution qu'elle opère du droit du précédent enchérisseur, l'obligation de celui-ci.

Dix-septième formalité. — En cas de double enchère, c'est à dire lorsque une offre du même prix est faite par deux enchérisseurs avec une simultanéité telle qu'il soit impossible de décider et de désigner en fait celui des deux à qui appartient la priorité, et à qui serait acquis le droit de préférence pour obtenir la déclaration de l'adjudication à son profit; si aucun d'eux ne consent à porter le prix à une somme supérieure, tous deux sont et doivent être réputés co-propriétaires, chacun pour moitié, sauf à partager la chose, ou en cas d'impossibilité, à la liciter entre eux. Cette solution est une application logique de la règle établie par l'article 624 ci-dessus rappelé.

On ne pourrait admettre de nouvelles enchères sur l'objet, sans méconnaître le principe ci-dessus posé, que la dernière offre non couverte emporte forcément transmission de la propriété de la chose mise aux enchères, au profit de celui qui a fait cette offre.

Voilà pourquoi s'il arrivait que le commissaire-priseur, en cas de mise d'une même somme faite en même temps par deux personnes, adjugeât l'objet au prix de l'enchère dans l'ignorance de ce concours, il n'en serait pas de cette hypothèse comme de la précédente, où la concomittance des offres a été reconnue avant la prononciation de l'adjudication. Là les enchérisseurs n'ont que le droit de requérir que cette prononciation soit faite à leur profit en commun, et le commissaire-priseur n'est obligé de le faire, qu'autant que leur enchère commune n'est couverte par aucune autre. Ici l'adjudication est prononcée, seulement il faut qu'au lieu de l'être au profit d'un seul individu, comme l'avait cru le commissaire-priseur, le bénéfice en soit acquis aux deux enchérisseurs. D'où il résulte cette différence de conséquences entre les deux hypothèses, que dans la première l'augmentation du prix de la chose produite par ce concours tourne au bénéfice du vendeur; tandis que dans la seconde, si les deux enchérisseurs déclarés adjudicataires veulent sortir de l'indivision par la licitation, c'est à eux seuls, à l'exclusion du vendeur, qu'appartiendra l'excédent du prix de la licitation sur celui de l'adjudications primitive.

Nota. Il en serait autrement dans le cas où la vente, au lieu d'être forcée, serait purement volontaire de la part du propriétaire. Voyez vingt-unième formalité *infrà*.

Dix-huitième formalité.—Lorsque l'adjudicataire refuse de payer ou de remplir les conditions de la vente, le commissaire-priseur doit s abstenir de lui faire la tradition de la chose adjugée, ainsi que l'article 1612 du Code civil lui en donne le droit; ensuite il doit user du pouvoir qu'accorde l'article 624 du Code de procédure civile à l'officier chargé de la vente, de remettre en adjudication aux enchères l'objet.

En général, la résolution d'un contrat n'a pas lieu de plein droit, il faut qu'elle soit prononcée par la justice. (Code civil 1184, 1654, 1655). Mais ici le Code de procédure, en déclarant que la vente aura lieu de suite, à la folle enchère de l'enchérisseur, décide implicitement, mais forcément la question de résolution de plein droit, puisqu'il autorise l'officier à passer de suite à la revente, qui est une conséquence présupposant l'annihilation préjudicielle de l'adjudication qui l'a précédée. Et en cela, il faut le reconnaître, le droit qu'il énonce a sa source dans le principe posé par l'art. 1657, C. C. L'art. 87 du décret du 8 thermidor an XIII, relatif aux formalités des ventes publiques des effets mobiliers déposés au Mont-de-Piété, porte que : « Si lors de la vente un ad-
» judicataire ne paie point, et le total du prix
» de son adjudication et les frais accessoires,
» l'effet adjugé est remis en vente, à l'instant
» même, aux risques et périls de l'adjudicataire
» et sans autre formalité qu'une interpellation
» verbale à lui adressée par le commissaire-pri-

» seur, de payer actuellement la somme due et
» que la mention du tout sera faite sur le pro-
» cès-verbal. »

Il est vrai que l'ordonnance royale du 26 juin
1816 qui, par son article 6, ordonne l'observation de l'arrêté, ne l'étend qu'aux ventes des effets déposés aux monts-de-piété des départements. Mais si de cette disposition spéciale on
ne peut conclure que la règle soit légalement
obligatoire pour les autres ventes mobilières, il
faut reconnaître qu'elle offre un exemple d'application, et par conséquent une reconnaissance
implicite du principe posé. Seule elle eut donc
pu suffire à tracer aux juges, par doctrine d'a-
nalogie, la règle à appliquer à ces autres ventes,
quand même elle n'eût pas été expressément déclarée et rendue commune à toutes les ventes
d'effets mobiliers, par l'article 1657 du Code civil que nous venons d'énoncer, comme formu-
lant une maxime générale de droit, dans les conventions qui ont pour objet des choses mobilières. *Vide infrà* vingt-deuxième formalité.

Quant aux effets de la folle enchère, le Code
ne les ayant pas déterminés par des dispositions
spéciales aux ventes mobilières, doit être réputé
avoir indiqué par ce silence qu'il s'en référait à
cet égard à la loi commune qui, écrite dans les
art. 710 et 740 du Code de procédure, déclare
le fol enchérisseur responsable, par corps, de la
différence entre le prix de la première adjudica-

tion et celui de la revente. Nous invoquons en faveur de cette solution l'indication donnée par le pouvoir législatif de la marche à suivre, dans ce cas, pour des ventes de même nature, par l'art. 87 du décret précité, relatifs aux monts-de-piété.

Dix-neuvième formalité. — C'est encore d'après la même doctrine que l'on doit, faisant application de l'art. 711 du Code de procédure civile, décider que l'officier public vendeur ne doit pas recevoir les enchères faites par le saisi. Et comme la mise est obligatoire, d'après la théorie ci-dessus établie, il doit refuser celle de toute personne qui, à sa connaissance, serait frappée d'une incapacité de contracter, art. 1124 Code civil.

Vingtième formalité. — Quand il s'agit de vente volontaire, le contrat ne peut se former que par le consentement respectif des deux parties, savoir : du vendeur et de l'acheteur. Dès lors la mise n'a que le caractère d'une simple proposition et ne peut produire d'effet obligatoire à l'égard d'aucune d'elles, qu'après acceptation de la part du vendeur par déclaration formelle ou tacite émanée, soit de lui, soit du commissaire-priseur qui, en sa qualité, a, jusqu'à désaveu, pouvoir légal de consentir la vente, et qui la consent par l'acceptation dont l'adjudication qu'il prononce est l'expression. Donc tout le temps que, soit la première offre ou enchère, soit un offre ou enchère subséquente, n'est pas, en cas de vente volontaire, acceptée formellement par une déclaration d'adjudication prononcée de la part de l'officier public au profit de l'enchérisseur qui l'a faite, il n'y a pas vente, parcequ'il n'y a pas intervention du consentement réciproque du vendeur et de l'acheteur. C. civ. 1108 et 1583.

Voilà pourquoi le vendeur peut jusque là retirer l'objet, ainsi que l'ordonn. du 1er mai 1816 le reconnaît; or, s'il peut retirer, c'est parcequ'il a conservé la propriété de la chose, et comme il ne l'a conservée qu'autant qu'il n'y a pas eu vente réalisée, il n'a pu y avoir acquisition au profit de l'enchérisseur, et dès lors pas d'obligation contractée d'en payer le prix. Concluons donc qu'il reste le maître de renoncer à sa mise, jusqu'à ce que l'officier public au nom du propriétaire prononce l'adjudication qui seule opère transmission de propriété au profit de ce metteur ou de cet enchérisseur. *Nec obstat*, que les dispositions de l'ordonn. du 1er mai 1816, conforme à l'arrêt du Conseil d'État du 13 novembre 1778, prescrivent l'inscription au procès-verbal des objets adjugés au propriétaire, et les rendent ainsi passibles de l'application des droits d'enregistrement de mutation mobilière.

Car, ces règles sont purement bursales, et la nécessité même d'en faire l'objet d'une ordonnance expresse prouve qu'elles sont considérées comme dérogatoires au droit commun, d'après lequel il n'y a pas vente quand l'objet est retiré par le propriétaire.

Vingt-unième formalité. — En cas de double enchère, c'est à dire lorsque le même prix est offert simultanément par deux enchérisseurs, en telle sorte qu'il soit impossible de décider en fait celui des deux dont l'enchère a été faite la première, le propriétaire, ou l'officier public qui le représente et qui, comme nous venons de le dire, a mandat légal jusqu'à désaveu, pour consentir ou refuser en son nom la vente, est libre de prendre le parti qu'il juge le plus convenable. Il peut donc, ou adjuger aux deux enchérisseurs conjointement, ou à l'un d'eux, ou remettre la chose aux enchères; il n'est pas lié en cette hypothèse, comme nous avons expliqué *suprà* dix-septième formalité, qu'il le serait dans celle d'une vente forcée, par la nécessité de se conformer aux dispositions impératives de la loi.

Vingt-deuxième formalité. — Si l'adjudicataire n'exécute pas les conditions exigibles; sans doute la résolution de l'adjudication peut avoir lieu, c'est un droit consacré, en matière de tout contrat synallagmatique par l'art. 1184, et particulièrement d'acte de vente, art. 1654; mais alors il faut qu'elle soit prononcée par la justice, à moins qu'on ne se trouve dans le cas prévu par l'art. 1657, c'est à dire que la livraison n'ait pas encore eu lieu, ce qui arriverait dans une vente au comptant, si interpellé de payer, l'acheteur ne le faisait pas de suite. *Vide suprà*, page 58.

Le vendeur qui voudra obtenir ces fins devra donc s'abstenir de livrer la chose adjugée, et quand même il n'aurait pas pris, ce qui serait prudent, la précaution de rendre applicable à sa vente, par une clause spéciale du procès-verbal, le bénéfice de la résolution de plein droit prononcée par cet article 1657, nous pensons qu'il serait fondé à user du droit qu'il lui accorde. En conséquence il pourra se considérer comme parfaitement libre de revendre la même chose à un autre acheteur, sans avoir recours à aucune autre formalité préalable qu'à celle d'une simple constatation du fait de non paiement par le procès-verbal. *Vide suprà* dix-huitième formalité.

Mais s'il y avait eu tradition, alors il faudrait distinguer entre le cas où la vente aurait été faite sans terme et celui où elle aurait eu lieu avec stipulation de terme.

Dans le premier, le propriétaire pourrait user du droit de revendication qui suppose une résolution légale opérée préjudiciellement par la seule force de la loi au profit du vendeur, en se conformant aux dispositions de l'article 2102, n° 4° du Code civil.

Si au contraire il y a un terme, alors il ne lui reste que l'exercice, ou de l'action en résolution devant les tribunaux contre son acheteur, ou du privilége que lui accorde le même article sur le prix en cas de revente.

Vingt-troisième formalité. — Chaque objet adjugé doit être porté de suite au procès-verbal, le prix y est écrit en toutes lettres, et tiré hors ligne en chiffres. (Art. 5 de la loi du 22 pluviôse an VII.)

Il faut remarquer que cet article n'exige pas, comme le fait l'art. 625 du Code de proc. civ., que le procès-verbal fasse mention des noms et domicile des adjudicataires, d'où nous concluons que cette mention n'est exigée que dans ceux des procès-verbaux qui ont pour objet de constater des ventes de l'espèce pour laquelle est fait cet article, et en tout cas des ventes réputées faites par autorité de justice, selon la définition donnée *suprà*, nombre 2, art. 1ᵉʳ, § 3, sect. 3, chap. 2, titre 2, 1ʳᵉ partie.

Vingt-quatrième formalité. — Il résulte implicitement de la même disposition de l'art. 5 de la loi du 22 pluviôse, que les objets non adjugés ne doivent pas être portés au procès-verbal.

Mais en quel cas réputera-t-on un objet non djugé?

Ce sera lorsque le prix proposé lors de sa présentation aux enchères n'aura pas été accepté par une mise égale ou supérieure, ou qu'après une proposition inférieure tentée, aucun enchérisseur ne se sera présenté.

En une telle hypothèse le fonctionnaire public peut, ou n'en pas faire mention sur son procès-verbal, ou y constater que l'objet qu'il indique a été crié à tel prix et retiré faute d'enchérisseurs acceptant ou couvrant le prix proposé, et alors il ne sort l'article hors ligne que pour mémoire.

Il en serait autrement, comme nous l'énonçons *suprà* (20° formalité), si, après réception d'enchères, le propriétaire retirait l'objet mis en vente.

Nota. On conçoit que ce mode de procéder n'étant pas d'une application possible aux ventes forcées, par exemple : à celles qui ont lieu par suite de saisie-exécution, de saisie-brandon, l'officier public ne peut annoncer au nom du propriétaire la demande à titre de proposition d'un prix quelconque pour première enchère, car ce propriétaire, qui est le saisi, n'est plus maître de ne pas vendre, et il en est de même du créancier poursuivant : donc il faut que l'officier public adjuge à tout prix, donc il ne peut y avoir lieu à retirement dans ces sortes de ventes.

Vingt-cinquième formalité. — Les procès-verbaux doivent faire mention des noms et domiciles des adjudicataires (Code de procédure, 625); mais comme cette formalité n'est prescrite que pour les ventes par suite de saisie-exécution, et par une conséquence légale pour celles qui, aux termes de ce Code, doivent avoir lieu en la même forme (*Vide* pages 26 et 27), on doit en conclure que l'observation n'en est pas rigoureusement nécessaire dans les autres.

Vingt-sixième formalité. — Chaque séance, dit l'art. 5 précité de la loi du 28 pluviôse, sera close et signée par l'officier public et par deux témoins domiciliés.

La clôture énoncera l'heure à laquelle on la termine. (Décret du 10 brumaire an xiv.)

Le procès-verbal devra indiquer le nombre d'heures employées à la séance, parce que chaque vacation de trois heures étant passible d'un droit d'enregistrement, ce renseignement est indispensable au receveur pour l'établissement de sa perception. (Art. 8 de la loi du 27 mars 1791, 1er et 168 du décret du 16 février 1807, décision du ministre des finances du 25 octobre 1808. *Vide infra*, chap. VI, titre 3 de cette première partie.)

Vingt-septième formalité. — La loi ne s'étant pas prononcée sur les conditions de capacité des témoins, nous pensons que, s'ils doivent en général réunir les qualités et être exempts des incompatibilités établies par les art. 9 et 10 de la loi du 25 ventôse an xi sur le notariat, et 980 du Code civil pour les testaments, l'observation de ces prescriptions n'est qu'un devoir de convenance; et qu'on ne peut exiger à la rigueur d'autre condition, outre celle du domicile mentionnée en l'art. 5 de la loi de pluviôse, que la majorité, la masculinité, la qualité de Français et l'absence des incapacités légales (Code civil, art. 25; Code pén., art. 28, 34, 42), ainsi que celle des incapacités relatives qui, comme nous allons le voir, devraient être prises en considération par le commissaire-priseur pour éliminer le témoin qui en serait atteint. Admettre d'autres causes d'exclusion, ce serait, de la part des tribunaux, s'exposer à ajouter à la loi en appliquant par analogie des dispositions faites pour d'autres espèces d'actes d'une importance bien plus relevée, et pour la constatation desquels la loi a dû se montrer plus sévère dans les formes destinées à en garantir la véracité.

Le crieur peut être pris pour témoin, et même en général, il devra être choisi pour tel par l'officier public vendeur, à moins qu'il n'existe entre l'un et l'autre quelqu'une de ces causes d'incapacité que nous considérons comme devant faire obstacle à l'admission d'un témoin : telles que des relations de parenté, de servilité, ou de dépendance, qui détruiraient l'exercice du contrôle de la conduite de l'officier vendeur, qu'a eu en vue la loi par l'exigence de la présence et du concours de deux témoins. Argument par analogie de l'art. 10 de la loi du 25 ventôse an XI.

Ces considérations devront dès-lors servir de règle sur la question de capacité ou d'incapacité des témoins, et comme il n'existe pas de loi formelle, l'appréciation de leur portée nous paraît appartenir souverainement aux juges du fond. Ils pourront, comme nous venons de le faire pressentir, puiser des motifs d'analogie dans les art. 9 et 10 de la loi du 25 ventôse an XI, car, en matière de ventes de meubles, les officiers qui, en y procédant, les constatent par actes, font en quelque sorte, sous ce rapport, et sauf les différences signalées dans le cours de cet ouvrage, fonctions de notaires entre les vendeurs et les acheteurs.

Vingt-huitième formalité. — Il est encore une signature dont l'utilité nous paraît incontestable, c'est celle du propriétaire du mobilier, ou de celui qui en requiert la vente. La nécessité légale de son apposition résulte d'ailleurs formellement de l'art. 2 du décret du 10 brumaire an XIV ci-dessus rappelé.

Toutefois, nous ne la présentons que comme simplement utile, pour exprimer que, dans notre pensée, elle n'est pas indispensable à la validité de la vente, soit relativement à l'officier public, soit relativement aux adjudicataires, et voici pourquoi :

L'officier public qui procède à la vente fait, en ce cas, fonctions de mandataire du propriétaire, ou de celui qui la poursuit, ou de celui qui la requiert. Or, le mandat pouvant être donné verbalement, art. 1985 du Code civil, sauf la preuve à fournir par le mandataire en cas de désaveu et conformément aux règles du Code sur cette matière, il s'ensuit que la seule conséquence du défaut de signature sera pour cet officier la chance d'être exposé à un désaveu, de ne pouvoir s'en défendre par une preuve écrite du mandat, et d'être réduit par conséquent à suivre, à cet égard, la foi du mandant, et à subir, le cas échéant, les effets de sa mauvaise foi.

Aussi faut-il remarquer que l'art. 2 précité du décret de brumaire ne déclare exiger la signature de la partie que pour constater l'interruption de la vente et le renvoi de sa continuation à autres jour et heure.

Vingt-neuvième formalité. — Jusqu'ici nous nous sommes occupé uniquement des devoirs à remplir de la part de l'officier procédant à une vente de meubles, dans les cas ordinaires, où les acheteurs réunis exercent librement et de bonne foi le droit qui appartient à chacun d'eux de porter par ses enchères chaque objet à sa valeur vénale ou à un prix qui en approche. Mais l'expérience apprend que toujours les choses ne se passent pas ainsi, que la cupidité suggère souvent l'idée de recourir à l'emploi de moyens criminels pour obtenir l'abandon à vil prix des objets exposés en vente. C'est cette éventualité que réalisent tantôt les menaces, tantôt les coalitions, et comme ces circonstances extraordinaires présentent à l'officier public vendeur des difficultés dont la gravité est d'une conséquence désastreuse et inévitable ; surtout dans les ventes forcées, il nous a paru indispensable d'entrer à cet égard dans quelques détails propres à lui indiquer la marche à suivre pour prévenir et arrêter au besoin de telles manœuvres.

Les spéculateurs et même les simples consommateurs qui désirent se rendre adjudicataires d'un objet à vendre, le peuvent facilement par les offres de prix qu'ils en font et que le Code qualifie enchères ; c'est le moyen indiqué par la loi, c'est la voie régulière et légale. Mais en la suivant, on rencontre ordinairement des concurrents, des rivaux, qui, dominés des mêmes vues ou pressés des mêmes besoins de convenance, couvrent les mises des premiers, et forcent ceux-ci à renoncer à leur projet d'achat ou au moins à la perspective de l'avantage d'obtenir la chose à un prix inférieur à sa valeur commerciale.

La liberté de la concurrence étant dès-lors le seul obstacle qui s'oppose à ce que le propriétaire du mobilier ou ses ayant-droit ne soient victimes des calculs de la cupidité et de la déloyauté, la loi a dû la protéger, et elle l'a fait, en déclarant, par l'art. 412 du Code pénal, délit passible d'emprisonnement et d'amende toutes espèces d'entraves ou de troubles apportés à la liberté des enchères.

Mais quelles sont les manœuvres qu'a eu en vue de prohiber et d'atteindre le législateur ? telle est la véritable difficulté d'application de cette défense, difficulté d'autant plus ardue que les contrevenants recourront sans doute à toutes les ruses que peut suggérer la subtilité pour se placer en dehors des prévisions littérales de la loi.

Ainsi l'article précité indiquant comme moyens de perpétration du délit, les voies de fait, les violences ou menaces, soit avant, soit pendant les enchères, les dons ou promesses faites pour écarter les enchérisseurs, le moins habile contrevenant se gardera bien, soit d'employer de tels procédés, soit de le faire ostensiblement.

Mais il usera de détours pour arriver à ses fins, et pour en même temps éviter de donner prise à l'action du ministère public.

C'est ainsi que les marchands revendeurs qui fréquentent ordinairement les ventes de meubles, et dont la concurrence dans les enchères peut seule élever à un juste prix les choses à vendre, s'associeront pour convenir que celui d'entre eux qui se rendra adjudicataire, (les autres s'abstenant d'enchérir), partagera avec eux la différence entre le prix de l'adjudication publique et celui de la licitation qu'ils feront en société de leurs acquisitions.

Quoiqu'on puisse en s'attachant au sens littéral de la loi, soutenir qu'un tel cas, ne présente pas textuellement les éléments carac-

téristiques par elle définis du délit qu'elle a prévu et réprimé, cependant en approfondissant les
effets d'une telle stipulation, on y trouve ces promesses qu'a voulu atteindre le législateur, car
il est évident que c'est par la promesse d'une licitation, secrète que l'adjudicataire écarte, en ce
cas les enchérisseurs. Et comme le délit réside
dans la perpétration du fait défendu, il s'ensuit
qu'il existe du moment où ce fait a eu lieu,
quand même l'effet que s'en promettaient le ou
les auteurs, c'est à dire, l'adjudication n'aurait
pas été obtenue. Ainsi ce serait en vain que des
prévenus opposeraient ; que des étrangers à
l'association étaient présents et ont pu enchérir, car la loi en se prononçant d'une manière
absolue a manifesté l'intention d'atteindre l'entrave, quoique seulement relative; ce serait inu-
tilement encore qu'ils objecteraient que le délit
n'a pas été consommé, puisqu'aucune adjudication n'a été prononcée au profit de l'un d'eux.
Cass., 12 mars 1841, S. D. 41-1-786, Id. 19
novembre 1841, S. D. 42-1-148 et 561.

Le commissaire-priseur devra donc constater
par procès-verbal séparé de celui de la vente,
non seulement les collisions, voies de fait, violences, menaces ou autres espèces de troubles
apportés à l'ordre qui seul assure la liberté des enchères, les dons ou promesses faites pour écarter
les enchérisseurs et en signaler les auteurs, mais
encore recueillir et constater également tous les

indices propres à révéler l'existence entre les enchérisseurs d'un de ces pactes secrets, d'une de ces coalitions qui, d'après l'interprétation de la jurisprudence, constituent le délit exprimé par l'art. 412. Par exemple des discours, des signes, des réunions, des propositions, des discussions, etc.

Ce procès-verbal sera remis au ministère public, qui en référera la connaissance au tribunal dans le domaine duquel entre l'appréciation des faits au point de vue de leur caractère pénal. *Vide* arrêts précités.

§ 3. Formalités qui suivent la vente.

Première formalité. — Les procès-verbaux de vente de meubles sont assujettis à l'enregistrement. (Art. 6 de la loi du 22 pluviôse an VII.)

C'est au bureau où la déclaration préalable énoncée au § 1er a été faite, que la formalité doit être remplie. (*Idem.*)

Le délai pour l'enregistrement est de quatre jours, à dater de celui de la vente. (Art. 20 de la loi du 22 frimaire an VII.) Par conséquent le jour même de la vente ne compte pas dans la supputation du temps accordé par la loi.

Mais aussi la continuation de la vente ne suspend pas le cours du délai à l'égard des parties du procès-verbal constatant des séances qui remontent à quatre jours. En un mot, ces parties doivent être soumises à la formalité au fur et à mesure que ce délai, relativement à chacune d'elle, est sur le point d'expirer et avant qu'il ne soit écoulé.

Le droit, qui est de 2 francs 20 centimes pour 100, aux termes de l'art. 69, titre 5, n° 1, de ladite loi du 22 frimaire an VII, est perçu sur le montant des sommes que contient cumulativement le procès-verbal des séances à enregistrer dans le délai prescrit. Les fractions de la somme se divisent par 20, et dès-lors 81 fr., par exemple, sont comptés pour 100 fr., en ce qui touche le calcul destiné à servir de base à la perception.

Mais ce droit n'est que de 50 centimes pour 100, quand il s'agit de la vente faite par un courtier de commerce de marchandises entrant dans les attributions de ces officiers déterminées *supra* § 2, section 3, chapitre 2, titre 2, Ire partie. Art. 74 de la loi du 15 mai 1818.

Lorsqu'il est procédé à la vente par licitation d'objet indivis entre co-propriétaires, comme elle tient lieu de partage, l'adjudication prononcée au profit de l'un d'eux est simplement déclarative et non attributive de ses droits à la chose jusqu'en concurrence de la part qui lui est assignée par le partage ou par la loi, eu égard au nombre et à la qualité des autres co-propriétaires. Cod. civ., art. 883.

En conséquence, il n'y a mutation de propriété à son profit que pour l'excédent, aussi le droit n'est-il déclaré perceptible que sur cet excédent par l'art. 69 de la loi du 22 frimaire.

On devait être conduit, en appliquant cette règle aux ventes mobilières, à conclure que le co-propriétaire qui n'acheterait que pour une somme égale ou inférieure à sa part dans la masse de l'actif divisible, n'acquérant rien de ses co-héritiers, ne devrait pas de droits de mutation.

Mais le contraire a été décidé par arrêt de la cour de cassation du 9 mai 1832. S. D. 32-1-337 et par délibération conforme de la régie du 13 mai 1834. En conséquence le droit est dû sans distinction de la personne adjudicataire, entre le co-propriétaire et celui qui n'a aucun droit à la chose.

Elle s'est fondée sur ce que l'art. 6 de la loi du 22 pluviôse ayant déclaré, par une disposition générale absolue et sans distinction, que le droit d'enregistrement serait perçu sur le montant des sommes que contiendrait cumulativement le procès-verbal des séances, avait dérogé pour ce cas à l'exception générale créée par l'art. 69 de la loi précitée de frimaire. Elle a puisé la preuve de cette dérogation dans la double considération, 1° que la loi de pluviôse était postérieure à celle de frimaire; 2° que la même loi de pluviôse était spéciale pour l'établissement de la somme numérique à prendre pour base réglementaire en toute circonstance et sans exception, des droits dont étaient passibles les ventes de meubles.

Deuxième formalité. — Les courtiers de commerce doivent déposer au greffe dans les 24 heures les procès-verbaux de chaque séance d'enchères, des ventes publiques à la criée de marchandises qui se font par leur ministère, (art. 7 du décret du 17 avril 1812), et cette formalité est obligative pour les autres officiers publics dans les cas où ils les suppléent. *Vide suprà* page 25.

Troisième formalité. — Aux termes de l'art. 7 de l'ordonnance du 3 juillet 1816, tout notaire, huissier, greffier, commissaire-priseur, etc., qui aura procédé à une vente, sera tenu de déclarer au pied de la minute du procès-verbal, en le présentant à l'enregistrement, et de certifier par sa signature qu'il a ou n'a pas d'oppositions, qu'il a ou n'a pas connaissance d'oppositions aux scellés ou aux autres opérations qui ont précédé ladite vente.

D'un autre côté, l'art. 2 de la même ordonnance veut que l'on dépose à la caisse des consignations :

1° Les sommes provenant de vente de biens, meubles de toute espèce, marchandise, etc., des faillis, dans le cas prévu par l'art. 497, ancien, et 489, nouveau, du Cod. de com.

2° Elle rappelle aussi la disposition de l'art. 657 du Cod. proc., portant que, lorsque le saisi et ses créanciers ne se seront pas accordés dans le délai d'un mois à dater de la dernière séance de la vente, sur la distribution amiable des deniers provenant du prix de cette vente, l'officier qui l'aura faite sera tenu de consigner dans la huitaine suivante, et à la charge de toutes les oppositions, le montant de la même vente, déduction faite de ses frais d'après la taxe qui aura été faite par le juge sur le procès-verbal,

3° Enfin, aux termes de l'art. 8 de l'ordonnance précitée, le dépôt devra être effectué, en cas de consignation ordonnée par justice, dans la huitaine de la signification de l'ordonnance ou du jugement qui l'aura prescrite faite à l'officier public vendeur.

Pour que le dépôt soit admis, cet officier fournit au caissier un extrait de son procès-verbal de vente, contenant les noms et domicile des requérants, ceux de la partie saisie, du défunt ou du propriétaire, le détail des dépenses faites et des frais de vente après taxe, et enfin l'état des opposants, s'il y en a.

Une reconnaissance ou récépissé de la somme consignée est délivrée au même officier, qui la joint à son procès-verbal, et elle établit sa libération.

Aux termes de l'article 11 de l'ordonnance susdatée, la caisse est responsable des sommes reçues par ses préposés, lorsque les déposants ont fait enregistrer leurs reconnaissances dans les cinq jours du versement.

Quatrième formalité. — Exception à la nécessité de la consignation.

L'obligation imposée par le Code et par l'ordonnance à l'officier qui a procédé à une vente de meubles, d'en consigner le prix dans les cas qu'ils déterminent, cesse d'être applicable, lorsque le vendeur s'est réservé le droit de recevoir directement ce prix des mains des adjudicataires. Cass. 26 juillet 1827, S. D. 27-1-506. *Vide infrà,* titre 3, chap. 2 de la présente 1re partie.

Mais si celui qui requiert la vente n'était pas propriétaire, qu'il fût simplement créancier du propriétaire du mobilier, et à ce titre, poursuivant la vente, il n'aurait pas le droit d'obliger l'officier de se soumettre à une pareille condition, et par suite de l'exonérer de la nécessité de consigner, quand même il ne stipulerait la recette faite par lui qu'à titre de dépositaire. Cass. 24 juin 1825, S. D. 27-1-83. *Vide infrà,* chap. 2, titre 3 de la présente 1re partie.

2e SECTION. — *Des effets du procès-verbal de vente mobilière.*

Ces effets sont identiques quand il est rédigé par un huissier, un greffier, un commissaire-priseur, un courtier, et même par un notaire dans la forme déterminée par la loi du 22 pluviôse an VII, qui vient d'être expliquée en la section précédente.

Mais une différence qui, à ce point de vue,

distingue les notaires des autres officiers publics que nous venons de dénommer, consiste en ce que ceux-ci ne peuvent, en employant des formes plus solennelles, conférer à leurs procès-verbaux un caractère autre que celui que la loi de pluviôse leur a donné pouvoir de lui attribuer, tandis que les notaires ont le droit et par conséquent la possibilité d'élever leurs procès-verbaux au rang et à la force des actes obligatoires, probants et exécutoires contre les adjudicataires. *Vide infrà*, § 2 de la présente section, et chap. 2, titre 2, 3ᵉ partie.

Nous allons développer cette distinction dans les deux paragraphes qui suivent.

§ 1ᵉʳ. Des effets du procès-verbal rédigé en la forme réglée par la loi de pluviôse.

On a vu par les développements dans lesquels nous sommes entré à ce sujet, dans la première section, § 2, du présent chapitre, que les procès-verbaux de vente mobilière n'étaient pas signés par les adjudicataires, que l'officier public n'avait à cet égard aucune formalité à remplir, qu'en un mot, la loi de pluviôse n'avait prescrit aucune formalité analogue à celles que l'article 14 de la loi du 25 ventôse an XI a établies pour la validité des actes notariés. *Vide infrà*, pages 82 et suiv.

Or, comme c'est par la signature seule, ou par sa déclaration de ne savoir ou de ne pouvoir la faire, constatée de la manière réglée par

la loi, qu'une personne exprime son consentement de contracter un engagement quelconque,
il s'ensuit que c'est aux fonctionnaires seuls,
auxquels la loi a donné le droit de recevoir les
signatures des contractans ou leurs déclarations équipollentes, qu'appartient le pouvoir de
constater leurs conventions par des actes qui
prouvent contre eux au besoin leur volonté de
s'obliger. Et parmi les officiers ministériels, les
notaires sont les seuls auxquels le législateur ait
accordé cette faculté, ainsi que celle d'imprimer
à leurs actes la force exécutoire, qui en général
n'appartient qu'aux ordonnances et aux jugements émanés des membres de l'autorité judiciaire. (Art. 19 de la loi du 25 ventôse an XI ;
545 et 547 du Code de procédure civile.) *Vide
supra* pages 6, 41.

Il suit de cette comparaison que les procès-
verbaux des officiers chargés de la vente des
meubles, et que même les procès-verbaux des
notaires, quand ceux-ci n'y observent que les
simples formalités réglées par la loi de pluviôse an VII, ne peuvent faire preuve contre
les adjudicataires, ni obtenir, à plus forte raison,
contre eux la force exécutoire. Aussi la cour de
Bruxelles a-t-elle, par ces motifs, refusé de
faire produire ces effets à un procès-verbal de
vente de meubles fait par un notaire avec les
seules formes déterminées par la loi de pluviôse.
Arrêt du 22 mars 1810, S. D. 10-2-333. Et nous

allons voir que cette doctrine a été sanctionnée par le suffrage de la cour de cassation dans son arrêt cité *infrà* du 1er juin 1822, page 83.

Ce sont bien des actes authentiques dans le sens de la définition donnée par l'art. 1317 du Code civil, quand les dispositions de la loi de pluviôse y ont été observées, parcequ'alors ils offrent tous les éléments caractéristiques de l'authenticité requis par cet article. Dès-lors le faux commis en un tel acte constituerait le crime de faux en écriture publique; ils font bien, à ce titre, foi jusqu'à inscription de faux de ce qu'ils contiennent, mais relativement seulement à ceux qui, devant les signer d'après la loi de pluviôse, les auront réellement revêtus de leurs signatures, c'est à dire, à l'égard de l'officier public, du propriétaire ou du poursuivant qui réquiert la vente, et enfin des témoins. Arrêt de Nancy du 20 décembre 1833, contre lequel le pourvoi a été rejeté en cassation le 8 mars 1837, S. D. 37-1-181, *Vide suprà* pag. 65 à 69.

Or, la loi de pluviôse n'ayant pas parlé de la signature des adjudicataires (*Vide* pages 42 et 79), on doit conclure que, dans son intention, ceux-ci ne doivent pas signer les procès-verbaux. Et quand même ils signeraient, aucune disposition législative n'ayant accordé aux commissaires-priseurs, huissiers, etc., le pouvoir de recevoir les actes qui constatent et prouvent les conventions des parties, et celle de ventôse an xi ne l'ayant attribué aux notaires qu'à la charge d'observer les conditions imposées par ses diverses dispositions, il en résulte que jamais les procès-verbaux de vente mobilière ne pourraient servir de preuves contre les adjudicataires signataires. La raison en est, que le procès-verbal, en ce cas, ne vaudrait à leur égard que comme acte sous seing-privé, et, à ce titre, ils pourraient en opposer la nullité, fondée sur l'inobservation de l'art. 1325 du Code civil. *Vide supra* p. 6, et *infra* p. 88 et 89.

C'est sur le fondement de cette doctrine qu'il a été déclaré par la cour de cassation, en son arrêt précité du 8 mars 1837, que l'officier public qui procédait à une vente de meubles pouvait le faire, sous condition d'un terme pour le paiement de leurs achats en faveur des adjudicataires, parcequ'il ne résultait d'autre conséquence d'une telle stipulation que la position défavorable en laquelle il se plaçait, de rester à leur égard sans preuve de leur obligation, et par conséquent tenu de suivre leur foi à ses risques et périls. *Vide supra* p. 44.

C'était déjà en prenant ce principe pour règle que la cour de Colmar, par arrêt du 28 juillet 1827, S. D. 28-2-83, avait décidé que les adjudicataires à une vente mobilière faite selon la loi de pluviôse, ne pouvant être considérés comme parties à l'acte dans le sens de l'art. 13

de la loi de ventôse, il n'y avait pas nécessité pour le notaire d'énoncer dans le procès-verbal les noms, qualité, etc., desdits adjudicataires.

C'est encore par application des mêmes principes qu'il a été reconnu et décidé que le procès-verbal de vente mobilière ne pouvait servir de preuve de l'adjudication et du prix d'objets mobiliers contre les personnes y dénommées. *Vide* conclusions de M. Moure, procureur-général à la cour de cassation, arrêt conforme du 1er juin 1822, S. D. 22-1-368; et arrêt antérieur de la cour de Bruxelles, cité page 80.

Si le propriétaire du mobilier demandait dans son intérêt, pour déterminer les enchérisseurs par l'appât du crédit, à élever à un plus haut prix leurs mises, et par suite les adjudications, qu'il fût stipulé en leur faveur un terme pour le paiement, assurément le commissaire-priseur aurait, en une telle circonstance, le droit de se refuser, comme nous l'avons vu sixième formalité du § 2, de la section 1re, du chapitre 3, du titre 2 de la Ire partie, à demeurer responsable du prix.

Mais, si le commissaire-priseur voulait obtempérer, d'une part, à la demande du propriétaire, et se soustraire, de l'autre, à la chance périlleuse de rester à la discrétion des adjudicataires, et de suivre, à ses risques et périls, leur foi et leur solvabilité, rien ne s'opposerait à ce qu'on eût recours à un notaire pour constater les adjudications par un acte qui, étant rédigé conformément aux règles de la loi de ventôse, formerait contre les acheteurs un titre probant et exécutoire, et pourrait contenir une affectation d'hypothèque, etc.

Dans ce cas, en effet, l'intervention du notaire serait légale ; car, d'une part, elle aurait pour fondement un motif sérieux et rationnel, et, de l'autre, elle ne porterait aucune atteinte au droit privilégié du commissaire-priseur, qui procéderait en réalité à la vente, et dont les fonctions n'éprouveraient, en cette hypothèse, qu'une modification sans rapport avec son privilége. Elle consisterait uniquement dans l'abstention d'un procès-verbal inutile.

Ce mode de procéder est déclaré régulier et réputé valable à l'effet de produire la conséquence que nous lui assignons par l'arrêt déjà cité de la cour de Nancy du 20 décembre 1833, contre lequel le pourvoi a été rejeté le 8 mars 1837, S. D. 37-1-181, et par les motifs d'un autre arrêt de cassation du 23 mars 1836, S. D. 36-1-161. *Vide infrà* chap. 1er, tit. 2, 3e partie.

Nulle disposition prohibitive ne s'oppose non plus à ce que le propriétaire consente indemniser le commissaire-priseur de la chance qu'il court en cas de délai, par une allocation fixée conventionnellement entre eux, et alors cet officier public reste le maître d'employer ou non le ministère d'un notaire, suivant qu'il croit utile à ses intérêts , de restreindre ou non l'étendue de cette chance relativement aux adjudicataires. Et c'est, en effet, ainsi que les choses se passent dans les petites localités où la connaissance qu'a le commissaire-priseur du personnel des enchérisseurs ferme son opinion sur la confiance qu'il peut avoir en eux ou qu'il doit leur refuser. En conséquence , il se réserve dans son pacte avec le vendeur de ne pas admettre les enchérisseurs mal famés, ou qui sont soit d'une solvabilité , soit d'une foi suspecte, et à ce moyen, il se dispense de recourir au ministère d'un notaire dont l'intervention constitue toujours une mesure très onéreuse.

Nous venons de dire que le procès-verbal de vente rédigé par un officier public capable, selon le mode réglé par la loi du 27 ventôse an IX, n'emportant pas exécution parée, et ne formant même pas preuve contre les adjudicataires, il en résulte qu'en cas de vente à terme, l'officier vendeur est réduit à suivre pour le recouvrement du prix la foi des acheteurs, ainsi que l'expliquent les motifs de l'arrêt de cassation du 8 mars 1837, ci-dessus énoncé. Cette définition de la conséquence de la stipulation d'un terme dans le procès-verbal d'une vente mobilière en faveur des adjudicataires prouve, par une induction décisive, que, dans l'esprit de la loi et dans la pensée conforme de la cour, la seule voie que l'on puisse employer contre les acheteurs qui, à l'échéance, dénient l'achat, ou qui refusent d'en acquitter le prix, est l'exercice d'une action en paiement. Mais au nom de qui sera-t-elle formée , et quel mode de preuve pourra exiger le tribunal saisi pour prononcer condamnation?

Si le commissaire-priseur est affranchi de la responsabilité du prix envers le vendeur, c'est à celui-ci seul qu'appartient l'action. Or nous avons vu, Ire partie, titre 2, chapitre 3, section 1re, § 2, sixième formalité, qu'il fallait pour cela une clause expresse dans le procès-verbal, car la responsabilité existant de plein droit, la stipulation du terme ne peut avoir par elle-même l'effet de faire obstacle à cette obligation de l'officier public à l'égard du vendeur, parceque ce serait lui accorder le mérite d'une exception, et que la loi ne la lui attribue pas. C'est donc à lui seul que compète le droit de l'exercer, car il est propriétaire de ce prix, et dès-lors de la créance qui a ce prix pour objet.

Au cas contraire, le commissaire, que nous supposons n'avoir pas exigé son affranchissement de la responsabilité du prix, reste alors , relativement au propriétaire, caution solidaire des adjudicataires ; il n'est pas cessionnaire, il n'agit que comme mandataire salarié ; sa qualité de garant ne change pas la nature du contrat qui se forme entre lui et le vendeur ; ce qui le prouve, c'est qu'il est tenu envers lui à l a reddition du compte du produit de la vente, et qu'à défaut de le rendre, c'est par l'action en reddition de ce compte qu'est tenu de procéder contre lui le propriétaire du mobilier, ou celui qui le représente. Et comme, en France, nul excepté le **Roi**, n'est recevable à plaider par procureur, la demande au cas prévu devra être introduite, pour la validité de la procédure, au nom du propriétaire ou de l'ayant-droit, et comme elle sera dans l'intérêt et aux risques de l'officier vendeur, on énoncera ce but en expliquant que c'est à sa poursuite et diligence que l'instance a lieu. C'est devant le tribunal civil ou devant le tribunal de commerce, suivant la qualité de l'acheteur, ou la nature de l'acte, que l'achat caractérise, que doit être portée la demande. Si c'est au nom du commissaire-priseur se disant aux droits du propriétaire, il n'y a pas lieu à la perception du droit de transport sur le jugement. (Délibération de la régie, 11 août 1824.)

On suivra pour la preuve, les règles du droit civil ou commercial, suivant la distinction ci-dessus marquée.

§ II.— Du procès-verbal de vente mobilière que pourrait rédiger un notaire.

Toutes les fois que les notaires se contentent d'observer, dans leurs procès-verbaux de vente mobilière, les formalités ordinaires réglées par la loi de pluviôse, leurs actes sont de même nature que ceux des autres officiers publics chargés de ces sortes de vente, et ils ne peuvent produire d'autres effets que ceux que nous avons assignés par le paragraphe précédent à ces sortes de procès-verbaux. Bruxelles, 22 mars 1810, S. D. 10-2-383. — Colmar, 28 juillet 1827, S. D. 28-2-83.

Mais à la différence des autres officiers publics, qui ne pourraient en observant d'autres formes, par exemple : celles de la loi du 25 ventôse an xi, relative aux actes notariés, conférer à leurs procès-verbaux une autorité plus relevée, un effet plus important, plus étendu, les notaires ont la faculté d'élever les procès-verbaux de ventes mobilières qu'ils rédigent au rang et à la force que la loi de ventôse accorde aux actes qu'ils reçoivent, et qu'elle les autorise à leur assigner. Il leur suffit pour cela d'y observer les règles ordinaires de cette loi sur la forme des actes notariés.

La raison de cette différence provient de ce qu'il ne suffit pas, pour attribuer à un acte les effets que la loi y attache, qu'il soit revêtu des formes qu'elle a établies, il ne suffit pas qu'il émane d'un fonctionnaire qu'elle a institué ; il faut encore que ce fonctionnaire ait reçu d'elle mission spéciale de rédiger l'acte, c'est ce que l'on appelle la compétence d'attribution.

Lors donc que les notaires, procédant aux ventes mobilières, voudront acquérir à leurs pro-

cès-verbaux la force probante et le droit d'exécution forcée qui appartient aux actes notariés,
ils le pourront, mais sous la condition d'observer, dans la réception et dans la rédaction , les
formalités qu'elle impose pour la validité des
actes notariés en général.

C'est là une conséquence dont la cour de cassation a reconnu et consacré la légalité en la
prenant pour motif déterminant en son arrêt du
23 mars 1836, S. D. 36-1-161, en ces termes :
« Attendu que les ventes de cette nature (clien-
« telle, pratiques et achalandage d'établissements
« industriels ou commerciaux, vulgairement
« désignés par les mots fonds de commerce),
« qui ne sont susceptibles d'aucune transmission
« manuelle emportant tradition ; entraînent le
« plus souvent la nécessité de conventions ac-
« cessoires, telles que transports de droit, ces-
« sion de baux, stipulations de délai de paie-
« ment, assurées par des garanties personnelles,
« par des affectations hypothécaires ; toutes
« conventions dont les commissaires-priseurs ne
« sauraient être les officiers instrumentaires, et
« dont, au contraire, la rédaction en actes au-
« thentiques et exécutoires appartient aux no-
« taires par la nature de leur institution. »

TITRE III.

Des règles communes aux prisées et aux ventes de meubles.

Elles sont relatives :

1⁰ Au choix de l'officier public par le ministère duquel doivent être faites ces opérations.

2⁰ A la nécessité où sont les officiers publics investis par la loi d'y procéder, d'instrumenter à toute réquisition.

3⁰ A l'empêchement que peut produire la parenté.

4⁰ A la nécessité d'énoncer la patente, et de ceux des officiers qui y sont assujettis, et des parties requérantes s'il y a lieu.

5⁰ A la dispense de témoins pour les procès-verbaux de prisée.

6⁰ A l'indication de l'heure du commencement et de celle de la clôture tant de la vente que de chaque séance en particulier.

7⁰ Au costume des commissaires-priseurs en particulier.

8⁰ Enfin aux difficultés qui peuvent survenir pendant le cours des opérations de la compétence des officiers chargés des prisées et ventes de meubles.

Nous les exposerons dans huit chapitres distincts.

CHAPITRE PREMIER.

Du choix de l'officier public.

Il ne peut y avoir difficulté que dans les lieux où le droit d'instrumenter appartient à plusieurs officiers publics, soit de la même, soit de diverses catégories, et qu'autant que cette hypothèse venant à se présenter, il y a désaccord entre les parties intéressées sur la personne à laquelle, parmi les fonctionnaires compétents, sera confiée l'opération de prisée ou de vente.

Quand cette divergence se manifeste, rien ne s'oppose, s'il s'agit d'une vente, et que le ou les choix se concentrent sur deux personnes seulement, à ce qu'elles procèdent conjointement et simultanément : la disposition de l'article 935 du Code de procédure prouve la possibilité légale de ce concours, mais aussi elle exclut, par l'argument *à contrario,* la faculté d'en admettre d'avantage.

Si donc le choix s'étendait à un plus grand nombre, ou bien si, quoique partagé seulement entre deux officiers, il y avait opposition de la part de l'une ou de l'autre des parties à l'admission de l'officier public présenté par son adversaire, alors, à défaut par elles de s'entendre sur ce point à l'amiable, la difficulté devrait être soumise à la décision du président constitué juge de la question par l'article 935 du Code de procédure, qui l'autorise à nommer un ou deux officiers publics, selon qu'il le juge convenable. Et comme il ne s'agit pas là d'une décision en référé, mais d'un jugement, celui des ayant-droit qui ne croirait pas devoir s'en tenir à l'ordonnance de ce magistrat, n'aurait d'autre voie que celle de l'appel ; il ne serait pas recevable à se pourvoir au principal pour faire juger la question par le tribunal, comme au cas de l'art. 809 du Code cité.

En général, les principes d'après lesquels est déterminée la préférence à accorder à l'un de deux notaires qui sont appelés pour procéder à un inventaire s'appliquent, par analogie de motifs, aux officiers mandés pour les ventes et prisées de meubles.

Ainsi le choix appartient à la partie qui a l'intérêt le plus éminent à l'opération.

Entre deux officiers, la minute de l'acte reste au plus ancien en réception dans la localité où ils exercent leurs fonctions. Voir, pour plus amples documents sur la doctrine appelée à régir ces difficultés, notre *Traité de la nouvelle législation du Notariat,* pages 13 et 14.

CHAPITRE II.

De la nécessité pour tout officier public d'instrumenter et de procéder à la confection des actes dont il est requis.

Quand il s'agit d'un acte de la compétence d'un officier public, que celui qui le requiert d'y procéder a capacité à cet effet, et qu'il n'existe pas d'empêchement légal à ce qu'il instrumente, il est tenu de le faire, à peine de dommages-intérêts. Argument de l'article 3 de la loi du 25 ventôse an XI.

La raison de cette proposition est que par son acceptation de fonctions publiques, l'officier qui en est revêtu, contracte l'obligation de les remplir, dans toute leur étendue envers et contre tous, et que celui qui ne remplit pas ses engagements est passible des dommages-intérêts résultant de leur inexécution. Cod. civ., 1147.

En conséquence, il a été avec raison jugé à Poitiers, que leur intermédiaire étant obligatoire pour les particuliers, ils étaient tenus de prêter leur ministère toutes fois qu'il était réclamé. Arrêt du 6 janvier 1832. S. D. 32-2-450.

On avait déjà même jugé en cassation antérieurement, le 26 juillet 1827, S. D. 27-1-506, que l'officier public ne pourrait se refuser à obtempérer à la réquisition du vendeur, par un prétexte tiré de ce que celui-ci veut se réserver, comme il en a le droit, de recevoir directement le prix. Car la cause de refus ne pouvant avoir son fondement que dans l'obligation de consigner, imposée tant par l'art. 657 du Code de procédure civile, que par l'ordonnance du 3 juillet 1816 à tout officier public vendeur, elle ne reçoit son application que dans le cas où cet officier a touché ou dû toucher le prix. *Vide suprà*, pag 78.

Quid, s'il s'agit d'une vente forcée dans laquelle le requérant n'interviendrait que comme créancier du propriétaire du mobilier, et à ce titre poursuivant l'adjudication aux enchères publiques de ce mobilier?

Il aurait le droit d'exiger le versement direct

entre ses mains s'il n'y avait pas d'oppositions, *secùs* au cas contraire.

CHAPITRE III.

De l'empêchement que peut produire la parenté.

Ni le décret de la convention, ni les lois des 22 pluviôse an VII, 27 ventôse an IX, 28 avril 1816, ni enfin l'ordonnance du 26 juin 1816, n'ont établi de règles prohibitives tirées de la parenté entre les officiers publics et les parties qui requièrent les ventes et prisées, ou qui sont propriétaires des meubles soit à vendre, soit à priser.

De ce silence doit-on conclure, par application du principe que les prohibitions étant de droit étroit, il n'est pas permis de les suppléer, que nul motif légal ne s'oppose à ce que les officiers publics désignés dans ces diverses dispositions législatives instrumentent pour leurs parents en toute ligne et à tous degrés?

Nous ne le pensons pas; en effet, il faut remarquer que l'officier public, lorsqu'il fait une prisée ou une vente, s'interpose, au premier cas, entre celui dans l'intérêt duquel cette opération est prescrite et celui au préjudice de qui elle a lieu, et au second, entre le vendeur et l'acheteur, par conséquent il procède à un acte qui concerne des parties ayant des intérêts opposés, il doit donc être pur, non seulement de toute tendance de partialité, mais encore de toute présomption d'influence née de relations d'une parenté ou d'une alliance trop intime.

Voilà pourquoi le notaire ne peut instrumenter pour ses parents en ligne directe à tous degrés, ni pour ses parents en collatérale jusqu'au degré d'oncle et de neveu (3e degré). Art. 3 de la loi du 25 ventôse an XI.

C'est par le même motif que l'article 66 du Code de procédure civile prohibe aux huissiers d'instrumenter pour leurs parents en ligne directe à l'infini, et en ligne collatérale jusqu'au quatrième degré inclusivement.

Sans doute ces règles devront faire loi pour les notaires et pour les huissiers en matière de prisée et de vente de meubles ; mais *quid juris* dans le silence du législateur à l'égard des greffiers de justice paix et des commissaires-priseurs? nous pensons que, comme les fonctions qu'ils remplissent dans les cas qui nous occupent participent beaucoup plus de celles des notaires que de celles des huissiers, on ne doit leur appliquer que les causes d'empêchement de parenté établies relativement aux premiers.

Observation. — Lorsque la parenté au degré prohibé n'existe qu'entre le mandataire du requérant et l'officier public, comme ce mandataire n'est pas partie ayant intérêt légal, la prohibition n'est pas applicable. — *Sic* jugé relativement aux actes notariés par arrêt de cass. du 30 juillet 1834, S. D. 34-1-678

CHAPITRE IV.

Nécessité d'énoncer dans les actes de prisée et de vente, la patente, non seulement du fonctionnaire qui les rédige, lorsqu'il est assujetti par la loi à cet impôt, mais encore celle de la partie requérante, quand ces opérations sont relatives à son commerce, à sa profession ou à son industrie.

Cette formalité est prescrite par l'article 37 de la loi du 1er brumaire an VII, et par ordonnance royale du 23 décembre 1814, à peine d'une amende de 500 fr., réduite à 50 fr. par l'art. 10 de la loi du 16 juin 1824.

CHAPITRE V.

Dispense de témoins pour les prisées de meubles.

Cette dispense n'est pas, à la vérité, prononcée formellement par une disposition expresse de la loi, mais elle résulte implicitement de cette conséquence négative, que l'assistance de témoins n'est prescrite comme formalité conditionnelle de la légalité de l'opération que pour les ventes de meubles (art. 5 de la loi du 22 pluv. an VII); d'où il suit par induction *à contrario* qu'on n'est pas tenu de la remplir dans les prisées.

A quel titre, en effet, pourrait-on l'exiger? ce ne serait pas en vertu de la loi, puisqu'elle est muette sur ce point; dès lors ce serait élever une prétention que le juge ne pourrait admettre sans substituer son opinion à la législation.

Du reste, cette distinction recevra rarement son application, car la prisée est presque toujours accessoire à une opération principale dont l'acte exige, pour sa validité, le concours de témoins qui, en certifiant la véracité de cet acte dans son entier, attesteront par une conséquence forcée celle de la prisée qu'il constatera.

CHAPITRE VI.

Indication des heures d'ouverture et de clôture des séances.

Voici ce que porte textuellement sur ces mentions le décret du 10 brumaire an XIV.

« Art. 1er. Tous officiers ayant le droit de faire
« les ventes ou autres actes dont la confection
« peut exiger plusieurs séances, sont tenus d'in-
« diquer à chaque séance l'heure du commen-
« cement et celle de la fin.

« Art. 2. Toutes les fois qu'il y aura inter-
« ruption de l'opération avec renvoi à un autre
« jour, ou à une autre heure de la même jour-
« née, il en sera fait mention dans l'acte que les
« parties et l'officier public signeront sur-le-
« champ pour constater cette interruption. »
Vide suprà, page 66.

CHAPITRE VII.

Du costume des commissaires-priseurs en particulier.

Nous ne parlerons que du costume des commissaires-priseurs, parcequ'il n'existe aucune

7

disposition législative pour régler celui des notaires et que le costume des huissiers et des greffiers de justice de paix est déterminé par les lois qui les ont institués.

Voici donc en ce qui touche les commissaires-priseurs ce que détermine à cet égard l'ordonnance du 26 juin 1816, art. 8, 2ᵉ paragraphe :

« Ils pourront porter dans l'exercice de leurs
« fonctions une toge de laine noire fermée par-
« devant à manches larges, toque noire, cra-
« vatte tombante de batiste blanche plissée,
« cheveux longs ou ronds. »

CHAPITRE VIII.

Des difficultés qui peuvent survenir pendant le cours des ventes et prisées.

Elles peuvent provenir de prétentions élevées de la part des tiers, soit contre le vendeur, soit contre l'officier public, ou de contestations entre celui-ci et celui qui requiert la vente.

Dans tous ces cas la loi commune veut que le jugement en soit déféré aux tribunaux.

Mais ce parti entraîne dans son exécution des lenteurs qu'il est impossible de concilier avec la célérité qu'exigent souvent les opérations dont s'agit.

C'est pour cela qu'il importe, en attendant le jugement de la contestation de l'autorité compétente, de faire régler judiciairement la marche qui sera provisoirement suivie. Or c'est l'objet de la prévision générale et de la compétence réglée par l'art. 806 du C. de proc. civ.

A cette fin l'article 6 de l'ordonnance du 26 juin 1816, autorise les officiers qui procèdent aux ventes publiques de meubles à la criée : « A introduire devant les autorités compétentes « tous référés auxquels leurs opérations pour- « ront donner lieu, et à citer à cet effet les « parties intéressées devant lesdites autorités. »

Il faut observer que dans l'hypothèse de prisée pendant le cours d'un inventaire, ce sera ordinairement le notaire qui, en cas de difficulté, en référera directement au juge chargé de prononcer sur le provisoire, parcequ'il est en cette circonstance l'officier chargé de l'opération principale.

SECONDE PARTIE.

Elle aura pour objet de faire connaître les distinctions que la législation a établies entre les divers ordres d'officiers publics autorisés à procéder aux ventes et prisées de meubles, en ce qui touche les localités où il est attribué aux uns exclusivement, et par suite interdit aux autres, d'exercer au préjudice des premiers les actes de leurs fonctions définies en la première partie, pages 1 et suivantes. En conséquence traçant ainsi les limites affirmatives et négatives de leur juridiction respective, elle circonscrira, par des jalons bien précis, le cercle topographique dans l'enceinte duquel ils pourront agir avec droit et sécurité et dont ils ne devront pas franchir les bornes, à peine de se rendre coupables d'un empiétement qui vicierait leurs actes et les rendrait eux-mêmes passibles de dommages-intérêts.

Pour marquer cette distinction, nous partagerons ce que nous avons à dire sur ce point important en deux titres ; le premier traitera des droits des commissaires-priseurs, notaires, huissiers et greffiers de justice de paix, au point de vue qui fait l'objet de la présente deuxième partie. Le second sera consacré à exposer sous le même rapport la compétence territoriale des courtiers de commerce.

TITRE Ier.

Des localités où les commissaires-priseurs, notaires, huissiers et greffiers de justice de paix ont le droit d'exercer, soit exclusivement, soit concurremment, leurs fonctions d'officiers publics autorisés à priser et à vendre les meubles.

Comme ces droits ne sont pas les mêmes pour chaque classe de fonctionnaires, nous consacrerons un chapitre particulier à chacune d'elles pour l'explication des règles qui la concernent.

CHAPITRE PREMIER.

De la compétence territoriale des commissaires-priseurs.

La loi du 27 ventôse an IX est le premier acte de notre législation qui ait créé des commissaires-priseurs et qui en ait déterminé les attributions.

Encore est-il nécessaire d'ajouter qu'elle n'institua cet ordre d'officiers publics que pour la ville de Paris et le département de la Seine. Ce ne fut qu'en 1816, et en vertu de la loi du 28 avril de la même année, que le gouvernement fut autorisé à étendre cette institution aux autres départements, et en conséquence à nommer des commissaires dans les diverses localités qu'il jugerait convenable de doter de l'établissement de ces officiers.

C'est donc à ces deux lois que l'on doit recourir pour connaître l'étendue et la nature de la compétence que le législateur a entendu leur faire, entre les autres fonctionnaires autorisés à procéder comme eux aux prisées et aux ventes publiques aux enchères de meubles et d'effets mobiliers.

Toutefois nous devons ajouter que, par une ordonnance du 26 juin 1816, rendue en exécu-

tion de la loi du 28 avril précédent, les dispositions de cette loi, en ce qui touche l'établissement et les attributions des commissaires-priseurs dans les départements, ont été expliquées
et développées.

Or, voici le résumé du droit consacré par ces
divers documents législatifs : L'article 1ᵉʳ de la
loi du 27 ventôse an IX porte, dans son paragraphe 1ᵉʳ, « que les prisées des meubles et les
« ventes publiques aux enchères d'effets mobi-
« liers qui auront lieu à Paris seront faites ex-
« clusivement par des commissaires-priseurs,
« vendeurs de meubles. »

Et dans le paragraphe second, « qu'ils auront
« la concurrence pour les ventes de même na-
« ture qui se feront dans le département de la
« Seine. » *Vide* page 7 et 8.

De son côté, la loi du 28 avril 1816 s'énonce
ainsi dans le paragraphe 1ᵉʳ de son article 89 :

« Il pourra être établi dans toutes les villes et
« les lieux où S. M. le jugera convenable des
« commissaires-priseurs, dont les attributions
« seront les mêmes que celles des commissai-
« res-priseurs établis à Paris par la loi du 27
« ventôse an IX. »

Et elle ajoute par son 2ᵉ paragraphe « que ces
« commissaires n'auront, conformément à l'ar-
« ticle 1ᵉʳ de ladite loi, de droit exclusif que dans
« le chef-lieu de leur établissement ; ils auront
« dans tout le reste de l'arrondissement la con-

« currence avec les autres officiers ministériels
« d'après les lois existantes. »

Enfin l'ordonnance précitée du 26 juin 1816
détermine, d'abord en son article 1er, les localités qui pourront être dotées de l'établissement
de commissaires-priseurs, et elle le fait en ces
termes :

« Dans toutes les villes chefs-lieux d'arron-
« dissement, ou qui sont le siége d'un tribunal
« de première instance, et dans toutes celles
« qui, n'ayant ni sous-préfecture, ni tribunal,
« renferment une population de 5,000 âmes et
« au dessus, il sera nommé un commissaire-
« priseur par chaque justice de paix existant
« dans la ville.

« Les justices de paix des faubourgs et celles
« désignées *extrà-muros* seront considérées
« comme faisant partie de celles des villes dont
« elles dépendent. »

Ensuite la même ordonnance reproduit en
son art. 3, les règles posées par la législation
existante sur les attributions, soit exclusives,
soit communes, des commissaires-priseurs.

« A compter du jour de la prestation de ser-
« ment devant le tribunal de première instance
« dans le ressort duquel ils seront établis, les
« commissaires-priseurs nouvellement nommés
« dans les chefs-lieux d'arrondissement feront
« exclusivement toutes les prisées de meubles
« et ventes publiques aux enchères qui auront

« lieu dans le chef-lieu de leur établissement, et
« ils auront la concurrence pour les opérations
« de même nature qui se feront dans l'étendue
« de leur arrondissement à l'exception des villes
« où résiderait un commissaire-priseur.

« Cette concurrence pour les commissaires-
« priseurs établis dans les villes qui ne sont pas
« chefs-lieux d'arrondissement se bornera à l'é-
« tendue de leur canton. »

Il résulte du rapprochement de ces diverses
lois et ordonnances que, sous le rapport des attributions qui forment leur compétence territo-
riales, les commissaires-priseurs sont divisés en
trois classes, savoir :

Première classe. Ceux de Paris, qui ont le pouvoir d'instrumenter exclusivement dans la capitale et concurremment avec les autres officiers publics dénommés en l'art. 1er du décret du 17 sept.
1793 dans le surplus du département de la Seine.

Deuxième classe. Ceux qui sont établis au
chef-lieu d'un arrondissement administratif ou
judiciaire ; qui ont le droit à l'exclusion dans le
chef-lieu de leur établissement, et à la concurrence dans l'étendue de leur arrondissement,
à l'exception toutefois des localités de cet arrondissement où résiderait un autre commissaire-priseur y établi.

Troisième classe. Enfin ceux desdits officiers
qui étant établis dans une ville qui ne possède,
ni tribunal de première instance, ni sous-préfec-

ture, n'ont le droit et d'attribution et de concurrence que dans l'étendue de leur canton.

Nota. La dénomination de tribunal de première
instance est consacrée, dans le langage de la légis
lation qui nous régit, à désigner uniquement les
tribunaux de la juridiction civile à l'exclusion de
ceux de la juridiction commerciale. Cependant
nous devons faire remarquer, par forme de conclusion de cette division, qu'il résulte de l'explication qui la formule, que, sous certains
rapports,

1° Les commissaires-priseurs des départements
sont, dans l'état actuel de la législation, assimilés
à ceux de Paris ; car de même que ceux-ci ont le
droit exclusif de faire les prisées et ventes publiques aux enchères de meubles qui ont lieu
dans la capitale, de même ceux-là ont le droit
exclusif de procéder à celles de ces opérations qui
sont faites dans la ville de leur établissement,
quand elle ne serait pas un chef-lieu de tribunal
de première instance ou de sous-préfecture.

2° Que par suite d'une autre assimilation entre
les commissaires-priseurs des départements et
ceux de Paris, de même que hors Paris, ces
derniers n'ont que la concurrence pour les opérations de prisée et de vente publique aux enchères de meubles avec les autres fonctionnaires
investis par la loi du pouvoir d'y procéder, de
de même hors de la ville de leur établissement,
et pour tout le reste de l'arrondissement dont

elle est le chef-lieu, les premiers n'ont que la concurrence avec les notaires, huissiers et greffiers de justice de paix.

3° Enfin que cette concurrence accordée aux commissaires-priseurs dans l'étendue de l'arrondissement reçoit deux exceptions : la première personnelle, la seconde réelle, 1° c'est à dire qu'elle ne comprend pas les villes qui, faisant partie de l'arrondissement, sont le siége de l'établissement d'un autre commissaire-priseur, qui y a en conséquence sa résidence légale; 2° qu'elle n'appartient pas à ceux de ces fonctionnaires nommés à une résidence qui n'est chef-lieu ni de tribunal de première instance, ni de sous-préfecture.

Nota. Il a été jugé en cass., le 22 mars 1832 (S. D. 32-1-332), contre les huissiers de Lyon, que le droit exclusif des commissaires-priseurs de cette ville de procéder aux prisées et ventes aux enchères publiques de meubles comprenait non seulement le territoire de la mairie de Lyon, mais qu'il s'étendait en outre au territoire des mairies de la Guillotière, de la Croix-Rousse et de Vaise. La raison qu'en a donnée la cour est que ces trois faubourgs, quoique formant trois communes distinctes de celle de Lyon, sont néanmoins réputées faire partie intégrante de ladite ville. Ses motifs sont que les trois communes forment avec Lyon une seule agglomération d'édifices et de population; que la circonscription des six justices de paix se compose uniquement de la ville proprement dite et de ses faubourgs, dans la détermination desquels entre la Guillotière, la Croix-Rousse et Vaise; que dès lors Lyon étant le chef-lieu de l'établissement des six commissaires-priseurs, les faubourgs qui constituent cette ville en font partie intégrante.

Mais cette décision, présentée par l'auteur d'un ouvrage sur les prisées et ventes de meubles, et sur les droits des commissaires-priseurs, comme consacrant une règle générale, ne doit être au contraire acceptée que pour ce qu'elle est réellement, pour une solution donnée sur une question particulière par des raisons purement spéciales et exceptionnelles.

Elle ne pouvait dès lors être invoquée en faveur des commissaires-priseurs d'une localité, qu'autant que l'hypothèse dans laquelle ils se trouveraient placés présenterait en fait un concours de circonstances identiques ou parfaitement analogues à celles qui, relevées par la cour en l'arrêt cité, ont été déterminantes pour elle.

Nous croyons donc devoir professer qu'en thèse générale le droit exclusif des commissaires-priseurs est limité à la circonscription territoriale de la mairie du chef-lieu de leur établissement.

Aussi la cour d'Angers, par arrêt du 28 janvier 1841, S. D. 41-2-163, a-t-elle jugé contre les commissaires-priseurs de la ville du Mans, en faveur des notaires de la même ville, que le droit exclusif des commissaires-priseurs ne leur était attribué que pour la commune même où existait le chef-lieu de leur établissement ; qu'ainsi il ne pouvait être exercé dans celles qui en étaient voisines, quoique les maisons et rues composant celles-ci ne formassent de fait et par leur situation qu'un tout avec la commune chef-lieu.

Quant à la règle à observer pour déterminer, soit à l'égard des commissaires-priseurs entre eux, soit de leur part avec les autres officiers publics ayant droit de procéder aux prisées et aux ventes publiques à la criée des effets mobiliers, leurs attributions à l'exclusion ou à la concurrence, elle a pour base unique la situation du local où se fera l'opération pour laquelle leur ministère sera employé. En conséquence nous allons appliquer ce principe aux ventes d'abord et aux prisées ensuite.

Section Ire. — *Application des règles de la compétence territoriale aux ventes de meubles.*

Ainsi le mobilier placé dans une maison du chef-lieu de l'établissement du commissaire-priseur peut être transporté dans un local en dehors de ce chef-lieu pour y être vendu, et alors la vente échappe à la compétence exclusive de ce fonctionnaire.

Réciproquement, si le propriétaire d'un mobilier placé dans un local en dehors du chef-lieu de la résidence d'un commissaire-priseur veut le faire vendre dans ce chef-lieu, alors le droit de concurrence qui eût appartenu aux notaires, huissiers et greffiers de justice de paix, si la vente eût été faite en la commune de la situation du mobilier, cesse, et le privilége du commissaire-priseur frappe cette vente, à laquelle dès lors il a seul pouvoir de procéder à l'exclusion des autres officiers publics susnommés.

SECTION II. — *Application des règles de compétence territoriale aux opérations de prisée de meubles.*

Les règles de compétence que nous venons d'indiquer, section 1re, comme devant être observées pour les ventes de meubles, sont communes aux prisées. C'est par la situation du local où se trouvent les meubles lors de l'estimation qui doit en être faite par un officier public, d'après les principes exposés *suprà*, pages 6 et s. que se détermine le droit d'exclusion ou de concours entre les fonctionnaires qui ont reçu de la loi l'attribution de procéder à cette opération.

SECTION III.—*Différence entre les deux opérations sous le rapport de la variation de la compétence.*

Comme la prisée doit se faire au fur et à mesure de l'inventaire, qui lui-même est rédigé au fur et à mesure de la levée des scellés pour éviter tout déplacement et toute possibilité de détournement; il s'ensuit que ce sera toujours par la situation locale du mobilier au moment de l'événement qui y donne lieu, que se déterminera, entre les officiers publics ayant capacité, le droit de procéder à la prisée de celui qui en sera l'bojet.

Il ne sera dès lors pas au pouvoir des parties de soustraire aussi facilement et aussi fréquemment qu'en matière de vente, par un effet de leur seule volonté, l'opération à la compétence d'un commissaire-priseur, pour la soumettre à l'attribution d'un de ses confrères, ou à celle d'un officier public de classe différente.

CHAPITRE II.

De la compétence territoriale des notaires, huissiers et greffiers de justice de paix.

Nous venons de voir, ch. 1er du présent titre, qu'on devait en exclure la ville de la résidence d'un commissaire-priseur, et que pour les communes en dehors de cette résidence ils partageaient avec ces fonctionnaires à droit égal l'attribution du pouvoir de procéder aux prisées et aux ventes de meubles. Mais que, en certains cas, les commissaires-priseurs n'étaient pas recevables à venir participer dans ces localités concurremment avec eux, à l'exercice de ce pouvoir, et nous avons indiqué dans la 3ᵉ des classes entre lesquelles nous avons divisé, au point de vue de leur compétence territoriale, les divers offices de commissaires-priseurs, celles de ces fonctionnaires auxquels s'appliquait la restriction du droit d'instrumenter que nous rappelons ici.

Il en est des prisées et des ventes de meubles comme de toutes les autres fonctions dévolues par la loi de leur institution aux notaires, huissiers et greffiers, ils ne sont capables d'y procéder que dans la circonscription territoriale pour l'étendue de laquelle ils ont reçu de cette loi le pouvoir d'instrumenter, c'est à dire d'exercer les autres actes de leur ministère. Le droit n'étant dès lors pas le même pour tous, nous ferons entre les ordres auxquels ils appartiennent les distinctions qu'a établies la législation.

SECTION 1ʳᵉ. — *Des notaires.*

Ainsi les notaires des villes chefs-lieux de cour royale (1ʳᵉ classe) ont le droit d'exercer leurs fonctions dans l'étendue du ressort de la cour, dès lors ils pourront priser et vendre les meubles concurremment avec les commissaires-priseurs et les autres officiers dans toutes les communes du ressort, à l'exception seulement des villes où existe un commissaire-priseur. (Art. 5 de la loi du 25 ventôse an XI.)

Ceux des villes où il n'y a qu'un tribunal de

première instance (2ᵉ classe) pourront, avec la réserve de la même exception, exercer les mêmes droits dans l'étendue du ressort de ce tribunal. (*Idem.*)

Enfin ceux des autres villes et communes (3ᵉ classe) pourront toujours, à charge de respecter le privilége des commissaires-priseurs, limité à la localité de leur résidence, priser des meubles et les vendre dans l'étendue du ressort du tribunal de paix ou canton dont elle dépend. (*Idem.*)

SECTION 2. — *Des huissiers.*

Quant aux huissiers, ils ont, comme les notaires de seconde classe, le droit d'instrumenter dans l'étendue du ressort du tribunal de première instance auquel ils sont attachés, sans aucune distinction, ni limitation tirée de la fixation de leur résidence. Mais pourront-ils, de même que le feraient ceux-ci, procéder aux prisées et ventes de meubles dans toutes les villes et communes de ce ressort, à la seule exception de celles des villes siéges d'un commissaire-priseur (décret du 6 juillet 1810, art. 116)? L'assimilation ne nous paraît pas devoir être restreinte : la seule raison de douter aurait pu se tirer de ce que l'art. 16 de la loi du 25 avril 1838 sur les justices de paix, n'accorde le droit d'instrumenter devant un tribunal de paix qu'aux huissiers qui ont leur résidence dans le canton ; mais cette objection se réfute par la considération que la disposition est spéciale à cette sorte d'attribution, et ne peut par conséquent s'étendre à d'autres. A quoi il faut ajouter que la loi, en conférant aux huissiers, en leur qualité, le droit de procéder aux ventes de meubles, en a fait une attribution de leur ministère, et que dès lors ils ont le droit de faire cette opération là comme les autres : par exemple, comme les saisies-exécution et les ventes qui en sont la suite, dans toute l'étendue de l'arrondissement du tribunal de première instance près duquel ils exercent; c'est d'ailleurs en ce sens que disposent les articles 24 et 37 du décret du 14 juin 1813.

Section III. — *Des greffiers de justice de paix.*

Enfin les greffiers de justice de paix, n'ayant d'attribution pour exercer les fonctions de cette charge que dans le ressort même du tribunal auquel ils sont attachés, ne pourront, en respectant toutefois le privilége des commissaires-priseurs, estimer et vendre des meubles que dans l'étendue du canton qui forme celle de ce ressort. (Lois des 16-24 août 1798 et 28 floréal an x.)

TITRE II.

Des localités où les courtiers de commerce ont le droit d'exercer les fonctions que nous avons reconnu leur appartenir relativement à la vente aux enchères publiques des marchandises neuves en gros. Pages 20 et suiv.

Le droit sur cette matière, qui, comme nous l'avons dit, forme leur compétence territoriale, est établi tant par la loi du 28 ventôse an ix que par le Code de commerce de 1807, le décret du 22 novembre 1811, celui du 17 avril 1812, et surtout par l'ordonnance du 9 avril 1819. Et, comme nous avons rapporté textuellement *suprà*, pages 20 et 25, les dispositions des décrets et de l'ordonnance susdatés, il ne nous reste plus ici qu'à citer les dispositions de la loi de ventôse et du Code de commerce que nous n'avons pas encore fait connaître sur cette matière.

Or, cette loi porte, art. 6, « que dans toutes « les villes où il y aura une bourse, il y aura « des courtiers de commerce nommés par le « gouvernement. »

Le Code de commerce, dans son art. 74, est ainsi conçu : «La loi reconnaît pour les actes de « commerce des agents intermédiaires, savoir : « les agents de change et les courtiers. »

Suivant l'art. 75. « Il y en a dans toutes les « villes qui ont une bourse de commerce ; ils « sont nommés par le roi. »

Aux termes de l'art. 7 de la loi de ventôse précitée, « les courtiers nommés en vertu de « l'art. 6 auront seuls le droit d'en exercer la « profession, de constater le cours des marchan- « dises, des matières d'or et d'argent, et de jus- « tifier devant les tribunaux ou arbitres la vérité « et le taux des négociations, ventes et achats. »

Enfin, l'art. 78 du Code de commerce s'ex- prime en des termes à peu près identiques, « Les

« courtiers de marchandises, constitués de la
« manière prescrite par la loi, ont seuls le droit
« de faire le courtage des marchandises, d'en
« constater le cours; ils exercent concurrem-
« ment avec les agents de change le courtage
« des matières métalliques. »

L'observation de toutes les règles ci-dessus
indiquées ou rapportées est maintenue par les
articles 6 et 9 de la loi du 25 juin 1841. *Vide
suprà*, pages 30 à 33.

*Conséquences déterminant l'attribution territoriale
des Courtiers.*

Première conséquence. — De la combinaison
de ces diverses dispositions législatives, il résulte qu'en règle générale la vente des marchandises aux enchères que les courtiers de commerce sont autorisés à faire, soit en vertu de la
loi, sans permission préalable du tribunal de
commerce, soit par suite d'un jugement de cette
juridiction, doivent avoir lieu à la bourse dans
les villes où il existe un local affecté à la bourse
et fréquenté par les commerçants.

Deuxième conséquence. — Que ce n'est que
dans les villes où il n'y a pas de local affecté à
la bourse et fréquenté par les commerçants que
les ventes peuvent avoir lieu au domicile du
vendeur ou en tout autre lieu convenable, et
que le tribunal de commerce doit alors prononcer sur cette faculté.

Troisième conséquence. — Enfin, que dans

toutes les hypothèses, la compétence territoriale des courtiers de commerce se restreint à la ville même près de la bourse de laquelle le courtier a été établi. Ainsi, hors de là il est sans caractère, sans mission ; dès lors les tribunaux de commerce ne pourraient user du droit que leur confère l'article 1er de l'ordonnance du 1er avril 1819, rapporté *supra*, page 23, pour autoriser un courtier à vendre au-delà de l'enceinte de cette ville.

TROISIÈME PARTIE.

Des choses pour la prisée et pour la vente publique aux enchères desquelles les divers officiers dont nous déterminons la compétence, soit absolue, soit relative, ont le droit de réclamer l'exercice de l'attribution que nous leur reconnaissons à cet égard.

Observations préalables.

L'indication de ces choses étant faite par les lois mêmes qui ont créé l'attribution des droits de prisée et de vente au profit de ces divers fonctionnaires, on pourrait être tenté de croire qu'il doit suffire de se reporter au texte desdites lois pour se former une opinion théorique sur la nature de toutes les espèces de choses dont la prisée et la vente rentrent dans leur compétence.

Ainsi : de ce que l'article 1er du décret de la Convention du 17 septembre 1793 porte en termes exprès, que « les notaires, greffiers et huis-« siers sont autorisés à faire les prisées et ventes « de meubles dans toute l'étendue de l'Etat. »

De ce que la loi du 27 ventôse an ix, qui crée quatre-vingts commissaires-priseurs pour la ville de Paris, dispose, par son article 1er, « que les « prisées des meubles et ventes publiques aux « enchères d'effets mobiliers qui auront lieu à « Paris seront faites exclusivement par des com-« missaires-priseurs vendeurs de meubles; »

De ce que l'art. 89 de la loi du 28 avril 1816, qui accorde au gouvernement « le droit d'établir « dans toutes les villes et lieux où le Roi le ju-« gera convenable des commissaires-priseurs « dont les attributions seront les mêmes que « celles des commissaires-priseurs établis à Paris « par la loi du 27 ventôse an ix; »

Enfin, de ce que le Code de commerce, article 492 ancien et 486 nouveau, autorise les courtiers de commerce à faire, en certains cas, en certains lieux et sous certaines conditions déterminées par les décrets des 22 novembre 1811, 17 avril 1812, par l'ordonnance du 9 avril 1819, et par la loi du 25 juin 1841, la vente des marchandises neuves aux enchères publiques;

La conséquence qui s'offre naturellement la première à l'esprit est que les commissaires-priseurs, notaires, greffiers et huissiers ont le droit d'exercer leurs attributions de prisée et de vente aux enchères publiques sur toutes les choses qui sont réputées meubles et effets mobiliers, et qu'il en doit être de même pour les courtiers de commerce relativement à celles qui sont réputées marchandises.

Mais, quand on passe de la théorie à l'application, alors on reconnaît forcément que l'absence d'une explication développée sur les caractères constitutifs de l'acception que le législateur a entendu donner au point de vue de l'objet qu'il se proposait de régler, à ces expressions : *meubles, effets, mobiliers et marchandises,* que l'on rencontre dans les diverses lois citées, laisse prise au doute et à la controverse sur la classification spéciale de certaines choses, dans ou hors le domaine d'attribution créé aux officiers publics désignés par ces lois.

Par conséquent, il est bien certain que tout ce qui est immeuble n'est pas compris dans la compétence particulière qui leur a été faite par les lois précitées, et que dès lors ils sont sans privilége et même sans capacité pour constater, en vertu de ces lois, les estimations et les ventes d'immeubles. Nous disons en vertu de ces lois, pour marquer que la proposition ne s'applique qu'à la conséquence tirée desdites lois. Ainsi l'exclusion qui en résulte est limitée aux commissaires-priseurs, greffiers, huissiers et courtiers, et ne s'étend pas aux notaires, du moins pour les ventes, par la raison qu'ils tiennent de la loi du 25 ventôse an XI le droit de recevoir les actes destinés à constater toutes espèces de conventions, ce qui comprend les ventes d'immeubles, comme les autres contrats transmissifs de propriétés foncières. (*Vide suprà,* pages 6, 78, 79, 88 et 89.) Les explications qui font l'objet de cette troisième partie ne les intéressent donc qu'au point de vue de les mettre en situation d'apprécier les actes qui de la part des autres officiers constitueraient des empiétements sur leurs attributions légales. (*Vide infrà,* p. 123 à 128.)

DIVISION DE CETTE TROISIÈME PARTIE.

Mais la distinction qui sépare en droit les meubles des immeubles présente, comme nous venons de l'énoncer, des difficultés dans la pratique sur la détermination précise des éléments qui doivent conférer, dans le sens des lois rappelées, à une chose, la première ou la seconde de ces qualités; et comme c'est de la solution de cette question préjudicielle que dépend celle d'attribution, il est de la plus haute importance d'établir les principes qui doivent servir à la résoudre : nous en ferons la matière d'un premier titre.

Ensuite il est des choses qui, quoique rangées par une disposition précise de la loi, au nombre des effets mobiliers, par opposition aux objets immobiliers, ne doivent pas non plus tomber sous l'empire du droit de prisée et de vente consacré en faveur des officiers publics vendeurs de meubles ; l'expression *effets mobiliers*, employée dans l'article 1ᵉʳ de la loi du 27 ventôse an IX, n'a certes pas l'étendue d'acception que l'art. 535 du Code civil fait produire à la même expression considérée en thèse générale. C'est à l'application de la restriction qu'il reçoit, relativement à l'exercice du droit de prisée et de vente aux enchères publiques des effets mobiliers conféré aux commissaires-priseurs et autres, que nous destinons le second titre de cette troisième partie.

TITRE Iᵉʳ.

Des règles à observer, touchant la distinction à faire entre les choses à vendre sous le rapport de leur nature légale mobilière ou immobilière, en ce qui concerne l'exercice sur la prisée et la mise aux enchères publiques de ces sortes de choses, des droits de privilège ou de concurrence attribués aux officiers publics désignés pour procéder à ces opérations, quand il s'agit de meubles ou d'effets mobiliers, marchandises comprises. *Vide* pages 15 à 17.

Aux termes de l'article 527 du Code civ., les biens sont meubles, ou par leur nature, ou par la détermination de la loi.

L'article 528 indique comme étant meubles par leur nature, les corps qui peuvent se transporter d'un lieu à un autre, soit qu'ils se meuvent par eux-mêmes, tels que les animaux, soit qu'ils ne puissent changer de place que par l'ef-

fet d'une force étrangère, comme les choses ina-
nimées.

L'article 529 déclare meubles par la détermination de la loi, les obligations et actions qui
ont pour objet des sommes exigibles ou des effets mobiliers, les actions ou intérêts dans les
compagnies de finance, de commerce ou d'industrie, encore que des immeubles dépendant
de ces entreprises appartiennent aux compagnies;
il déclare tels enfin les rentes perpétuelles ou
viagères, soit sur l'état, soit sur particuliers.

De son côté, l'article 517 divise les immeubles en trois classes, savoir : ceux qui le sont
par leur nature, ceux qui le sont par leur destination, enfin ceux qui sont tels par l'objet auquel ils s'appliquent.

A la première classe appartiennent les fonds
de terre et les bâtiments. (Art. 518, Cod. civ.)
Quand les bâtiments sont édifiés par un loca-
taire, ils sont meubles. Lyon, 14 janvier 1832,
S. D. 33-2-190. Championnière et Rigaud, t. 4,
n° 3177.

Les moulins à vent ou à eau fixes sur piliers
et faisant partie du bâtiment. (Art. 519 *id.*) *Secùs*
de ceux qui sont simplement posés, ils sont
meubles. Championnière et Rigaud, tome 4,
n° 3174.

Les récoltes, tout le temps qu'elles pendent
encore par racines, les fruits des arbres, tout le
temps qu'ils n'en sont pas détachés. (Art. 520, *id.*)

Les coupes ordinaires des bois taillis ou de futaies mises en coupe réglée, tout le temps que les arbres ne sont pas abattus. (Art. 521, *id.*)

Les animaux livrés par le propriétaire au fermier ou au métayer pour la culture, pendant tout le temps qu'ils demeurent attachés au fonds par l'effet de la convention. (Art. 522, *id.*)

Enfin les tuyaux servant à la conduite des eaux dans une maison ou autre héritage, pendant tout le temps qu'ils demeurent attachés au fonds pour ce service. (Art. 523, *id.*)

A la deuxième classe appartiennent les objets qui, meubles par leur nature personnelle, par leur substance propre, ne deviennent immeubles que parceque le propriétaire d'un fonds les y a placés pour le service et l'exploitation de ce fonds, ou qu'il les y a attachés à perpétuelle demeure, et ils ne conservent dès lors cette qualité que pendant le temps seulement qu'il ne convient pas au maître d'en changer la destination, et de leur rendre, par l'effet d'un simple acte de sa volonté, leur qualité naturelle et substantielle en exprimant son intention de les détacher du fonds. (Art. 524 et 525, *id.*)

Quant à la troisième classe, elle se compose de droits que la loi déclare immeubles par une dénomination tirée de l'objet auquel ils s'appliquent, tels sont les droits d'usufruit des choses immobilières, les servitudes ou services fonciers, les actions qui tendent à revendiquer un immeuble. (Art. 526, *id.*)

Quoique la nomenclature que nous venons de reproduire d'après le Code puisse, au premier abord, paraître suffisamment explicative, pour rendre d'une application facile, relativement aux divers cas qui peuvent se présenter, la règle qui ne permet pas aux commissaires-priseurs et aux autres officiers publics ayant, comme eux, pouvoir de vendre des meubles, de confondre avec ceux-ci les biens immeubles, cependant nous allons entrer à cet égard dans quelques développements propres à prévenir toute espèce de doute sur certaines choses dont le caractère, non suffisamment déterminé, pourrait laisser prise à l'incertitude et à la controverse.

Comme c'est relativement au droit de faire la vente de la chose qu'il s'agit de déterminer la portée de l'attribution qui accorde ce droit, il s'ensuit que c'est la nature légale de cette chose, au moment même de la vente, qu'il faut considérer. En conséquence, nous poserons pour règle générale en cette matière que, par ces termes employés dans la loi pour spécifier les attributions des commissaires-priseurs, huissiers, etc., *meubles et effets mobiliers*, on ne doit entendre que les choses qui sont meubles de leur nature ou par la détermination de la loi, soit avant la vente, soit au moment de la vente; et non celles qui ne seraient mobilisées ou ameublies que par l'effet de la vente elle-même, sauf les exceptions spéciales portées par les lois, et notamment celle qui est énoncée dans le Code de proc. civile, au titre de la *saisie-brandon*, art. 626 et suiv, *Vide infrà* les arrêts cités de la cour de cassation, conformes à cette doctrine, pages 125 à 128.

En effet, quoique les fruits encore pendants par branches et par racines soient rangés par le texte positif de l'art. 520 précité du Code dans la classe des immeubles, tout le temps qu'ils ne sont ni coupés, ni détachés ou cueillis, et qu'à ce titre le droit d'en faire la vente appartienne en règle générale exclusivement aux notaires, et ne puisse par conséquent être exercé par les autres officiers publics vendeurs de meubles, cependant il résulte des art. 626 et suivants du Cod. de proc. civile combinés avec les dispositions des art. 624 et 625, qu'outre le droit de saisir-brandonner lesdites récoltes et fruits, les huissiers ont encore celui de les vendre par suite, et comme complément légal de la procédure de saisie.

Mais, comme c'est là une dérogation au droit commun existant en faveur des notaires, elle doit dans son application être restreinte aux ventes forcées qui ont lieu par suite de saisie-brandon.

En conséquence, et conformément à cette observation, la cour suprême, par arrêt du 4.

juin 1834, S. D. 34-1-402), a cassé un arrêt de
la cour de Caen du 23 février 1831, qui avait
décidé que les huissiers pouvaient, même en
dehors du cas de saisie-brandon, vendre aux
enchères publiques, comme les notaires, les récoltes et fruits pendants par branches et par
racines.

Ses motifs sont « que les récoltes et fruits
« pendants par branches et par racines ne sont
« ni meubles par leur nature, ni actuellement
« mobilisés par la détermination de la loi, que
« dès lors ils ne sont pas compris au nombre
« des choses que les huissiers ont le droit de
« priser et de vendre. »

L'affaire renvoyée à la cour de Rouen, ayant
reçu de sa part une solution semblable à celle
émanée précédemment de la cour de Caen, la
cour de cassation fut saisie de nouveau de la
question par le pourvoi dirigé contre ce second
arrêt, et elle en prononça la cassation, le 11 mai
1837, S. D. 37-1-709.

Ses motifs sont « qu'aux termes de l'art. 520
« du Code civ., les fruits pendants par racines
« et par branches sont déclarés immeubles; que
« si par l'effet de la saisie-brandon les fruits et
« récoltes se trouvent rangés parmi les choses
« mobilières qui peuvent être vendues par les
« huissiers, c'est qu'en ce point les dispositions
« spéciales du Code de procédure, considèrent
« ces fruits comme mobilisés avant la vente par

« l'effet de la saisie qui les a frappés, mais que,
« hors ce cas, aucune disposition de la loi ne
« permet de donner à ces fruits et récoltes une
« autre qualification que celle qui résulte des
« termes mêmes du Code civil. »

Enfin, un dernier arrêt de la même cour de
cassation du 30 mai 1842, S. D. 42-1-522, confirmé cette jurisprudence en décidant, en termes formels « que hors le cas de saisie-brandon,
« les huissiers, d'après les lois de leur institu-
« tion, ne sont point autorisés à vendre aux
« enchères publiques, concurremment avec les
« notaires, les fruits et récoltes pendants par
« branches et par racines; que, par des mots
« meubles et effets mobiliers, on ne doit enten-
« dre que les choses qui sont meubles de leur
« nature ou par la détermination de la loi, au
« moment de la vente, et non ceux qui ne se-
« raient mobilisés ou ameublis que par l'effet
« de la vente elle-même. »

Si donc, après la saisie-brandon opérée, il in-
tervenait entre les parties une convention par
laquelle le saisi consentirait à ce que la vente
des fruits saisis se fît amiablement sans l'observation des formes prescrites par les articles 629
et suivants du Code de procédure civile, alors
cette convention ferait perdre à la vente le caractère de vente forcée, de vente faite par autorité de justice, et par complément de la procédure de saisie; aussi la sortirait-elle de l'attri-

bution exceptionnelle faite aux huissiers pour ce cas particulier par l'article 634 du Code de procédure, et la rangerait-elle dans le domaine général du notariat.

Et il en serait de même par une identité de raisons du cas où la convention surviendrait à toute autre époque ou phase de la procédure en saisie et vente, pourvu qu'elle eût pour conséquence ce résultat, qu'au moment de cette vente il n'y serait pas procédé en vertu du droit que confère la loi à l'huissier saisissant par suite et comme corollaire de celui de saisir, mais en vertu du consentement du saisi, et uniquement en vertu de ce consentement.

C'était déjà en se fondant sur cette doctrine, qu'elle proclame d'ailleurs, que la Cour de cassation avait jugé le 8 juin 1831, S. D. 31-1-225 :

Que les matériaux des édifices qui ne sont point en démolition au moment de la vente (art. 532, C. civ.);

Que les bois non coupés (Cass. 18 juil. 1826, S. D. 27-1-93);

Que les matières minérales non extraites des mines et minières, n'étant ni meubles par leur nature, ni actuellement mobilisés par la détermination de la loi, ne sont en conséquence pas compris au nombre des choses que les huissiers (et l'exception s'applique dès lors aux commissaires-priseurs et aux greffiers), ont le droit de priser et de vendre.

Ajoutons que la même cour a maintenu cette jurisprudence par ses divers autres arrêts des 4 juin 1834, S. D. 41-1-402; 11 mai 1837, chamb. réunies, S. D. 37-1-769; 28 août 1838, S. D. 38-1-808; 8 avril 1829, S. D. 29-1-283.

TITRE II.

Nous verrons dans ce titre, d'abord, en un premier chapitre, quelles sont les choses qui, étant comprises par le Code civil dans la catégorie de celles qu'il désigne sous la dénomination générique de meubles et d'effets mobiliers par son article 535, ne rentrent pas néanmoins au nombre des objets dont la prisée et la vente sont dévolues aux commissaires-priseurs, huissiers et greffiers, en vertu des lois spéciales qui leur confèrent attribution particulière pour les prisées et ventes de meubles. Ensuite nous destinons le second chapitre à faire connaître l'exception dont est susceptible le précepte de l'exclusion établie par le premier.

CHAPITRE PREMIER.

Règles à observer pour déterminer le principe et l'application de cette distinction.

Le Code, comme on l'a vu ci-dessus (p. 16, 17), divise les meubles en deux classes, savoir : ceux qui consistent en corps qui peuvent se transporter eux-mêmes d'un lieu à un autre, ou y être transportés par l'effet d'une force étrangère. (Art. 528.)

Et ceux qui ne consistent qu'en des droits qui, étant insaisissables physiquement et n'ayant qu'une existence purement intellectuelle, ne reçoivent la qualité de meubles que par une détermination entièrement arbitraire de la loi. (Art. 529.)

C'est pour formuler en des termes démonstratifs la dénomination que cette classification assigne à chacune de ces deux espèces de meubles, qu'aux uns on a imaginé de donner la qualification de corporels, tirée de la locution même employée par le Code pour les désigner (art. 528), et aux autres celle de meubles incorporels que leur nature exclusivement *immatérielle* leur assigne (c'est la dénomination que leur donne littéralement la cour de Cass. dans son arrêt, ci-après rapporté, du 23 mars 1836). *Vide* au surplus Code civ., 1607, 1693, 2075, *suprà,* pages 16 et 17.

Cette distinction doit devenir la base indicative des choses auxquelles s'applique le droit de prisée et de vente attribué aux commissaires-priseurs, huissiers et greffiers, et par contre de celles qui, n'entrant pas dans le domaine de la compétence toute spéciale que la loi leur a faite relativement aux meubles, demeurent comprises sous ce rapport dans celui des notaires, qui embrasse, ainsi que cela a été expliqué plus haut (pages 6, 78, 79, 88, 89, 118 et 119), les ventes et conventions relatives aux choses de toute espèce qui sont dans le commerce sans limitation ni exception.

Il est vrai qu'en s'attachant à la classification des meubles, en choses corporelles et en choses incorporelles, et en puisant dans la qualification qui appartient à chacun d'eux, d'après cette théorie, pour déterminer par voie de conséquence, et l'étendue et les limites des pouvoirs des commissaires-priseurs, huissiers et greffiers d'une part, et de ceux des notaires de l'autre, relativement à la faculté de procéder aux ventes des choses de chacune de ces deux espèces de catégories, on établit par cette doctrine une exception apparente aux dispositions du Code.

Car, aux termes de son article 535, l'expression *effets mobiliers* comprend les choses qui, n'étant meubles que par la détermination de la loi (art. 529), caractérisent ceux que nous désignons sous le nom d'*incorporels*. Et comme l'article 1ᵉʳ de la loi du 27 ventôse an ix déclare, en termes exprès, accorder aux commissaires-priseurs le droit de faire les ventes publiques aux enchères des effets mobiliers en général et sans marquer ni implicitement ni explicitement entre eux aucune distinction, sous le rapport de leur substance naturelle, on aurait pu objecter, que, puisant le principe du droit de ces fonctionnaires dans la nature de la chose à vendre, nous ne pouvions leur refuser d'appliquer cette attribution à toute espèce de choses déclarées meubles par le Code, sans introduire à leur préjudice, dans l'acception légale des mots *effets mobiliers* employés par la loi de ventôse, une restriction exceptionnelle à laquelle paraît résister la généralité de la locution désignative de l'article 535 précité.

Mais la raison de décider dans le sens que nous présentons, et par suite la réfutation de ces motifs de douter se trouvent dans cette double considération, savoir :

1° Que la promulgation de la loi de ventôse an IX est de trois ans antérieure au Code civil, qu'ainsi on ne pourrait, sans faire produire à ce dernier un effet rétroactif proscrit par son art. 2, appliquer à des expressions employées par une loi précédente une définition par lui donnée, afin de faire dériver de cette définition le texte d'un système sur l'étendue ou sur la restriction du droit dont la première a entendu poser les bornes par ces mêmes expressions.

2° Que l'art. 535 placé dans le Code au titre de la distinction des biens, immédiatement à la suite d'explications par lui données sur les éléments caractéristiques de chaque espèce de meubles, se réfère nécessairement à l'objet de ces explications, absolument étranger à la détermination des pouvoirs des commissaires-priseurs et des autres officiers publics en ce qui touche les prisées et ventes de meubles aux enchères publiques ; et qu'il est uniquement relatif à l'interprétation du sens et de la portée à donner à ces expressions désignatives au point de vue seulement des dispositions de la loi ou de l'homme concernant la transmission des choses mobilières. C. civ., 533.

Aussi, par arrêt du 23 mars 1836, S. D. 36-1-161, la cour de cassation a-t-elle, en rejetant le pourvoi dirigé contre un arrêt conforme de la cour royale de Paris du 26 mai 1832, reconnu et déclaré textuellement :

« Que les mots *effets mobiliers*, dont la loi de ventôse an IX s'était servie pour caractériser les attributions légales des commissaires-priseurs, ne doivent pas nécessairement s'interpréter par la définition portée en l'article 535 du Code précité ;

« Que l'on devait dès lors, pour déterminer la « latitude des attributions qu'elle a entendu leur « conférer à cet égard, interroger la législation « relative aux huissiers-commissaires-priseurs « leurs devanciers ;

« Que la déclaration du roi du 18 juin 1758 « et les arrêts de réglement du parlement de « Paris des 3 décembre 1768 et 17 juin 1777, « n'ont visiblement pas entendu comprendre « par les termes dont ils se sont servis, les cho- « ses immatérielles qui ne sont susceptibles

« d'aucune transmission manuelle emportant
« tradition réelle. C. civ., 1607, 1693, 2075. »

La légalité de la doctrine que les officiers publics uniquement autorisés à vendre les meubles, ne peuvent appliquer le droit de compétence qui leur résulte de cette attribution aux
choses mobilières incorporelles, déjà faite dans
les cas indiqués, pages 16 et 17, a en outre été
consacrée, savoir : par l'arrêt de la cour de Paris
du 4 décembre 1823, rapporté S. D. 24-2-77, à
la vente d'un brevet d'invention et à l'achalandage d'une manufacture, par la raison, dit la
cour, que ces sortes de choses sont des objets incorporels qui ne peuvent être considérés comme
étant de la nature des effets mobiliers dont la
vente est exclusivement attribuée aux commissaires-priseurs, et le pourvoi contre cet arrêt a
été rejeté le 27 février 1826, S. D. 26-1-271 :

Ensuite, par un autre arrêt du 30 janv. 1827, S.
D. 27-2-154, relatif à un fonds de commerce de bijouterie, achalandage, etc, la cour de Colmar déclare qu'un achalandage n'étant pas un effet mobilier corporel, mais un avantage sans existence ma-
térielle, qui n'a qu'une valeur d'opinion, qui n'est
pas susceptible de tradition manuelle, ni d'exposition en vente, les commissaires-priseurs ne peuvent prétendre au droit d'en faire la vente.

Par celui du 15 juin 1833, S. D. 33-2-339, à un
fonds de commerce de boulangerie. Les lois qui
ont institué les commissaires-priseurs, dit la cour

de Paris en cet arrêt, ne leur ont donné qualité que pour priser, exposer en vente et vendre aux enchères publiques les meubles seulement qui sont de nature à être manuellement et immédiatement livrés à l'acheteur et payés comptant ; que les fonds de commerce n'étant pas de cette nature ne peuvent, par ces motifs, être vendus par les commissaires-priseurs.

Enfin, par celui du 23 mars 1836, la cour de cassation a résolu la question dans le même sens par rapport à un établissement de pensionnat et à celui d'une entreprise de voitures publiques, S. D. 36-1-161. Elle s'est fondée sur ce qu'un fonds de commerce est un objet incorporel, qui, à ce titre, est placé dans les attributions des notaires et en dehors de celles des commissaires-priseurs.

De ce que les commissaires-priseurs, exclus du droit de procéder à la vente des effets mobiliers incorporels non susceptibles d'une tradition manuelle au moment de la vente, ont au contraire pour la vente des effets mobiliers corporels une attribution exclusive aux notaires dans le lieu de leur résidence, il s'ensuit que s'il s'agit de procéder en ce lieu à la vente d'un mobilier composé cumulativement de choses corporelles et d'objets incorporels, pour l'adjudication publique aux enchères desquels les notaires ont seuls capacité, il sera nécessaire de diviser, afin de respecter le droit de chacun de ces officiers publics.

En conséquence, le commissaire vendra la partie du mobilier composée des effets corporels et le notaire celle de ce mobilier composée uniquement des choses incorporelles exclues de la compétence du commissaire-priseur.

Ce concours de deux officiers publics de classe différente à la vente d'un seul mobilier complexe, et ce partage entre eux du droit de procéder chacun séparément en cette circonstance à l'adjudication isolée de celles des choses dont a vente rentre dans les attributions particulières et exclusives de ses fonctions, et de la constater par son procès-verbal, est la conséquence rigoureuse, logique et légale de l'application à l'hypothèse prévue, de l'exercice du droit attributif de chacun d'eux et de la prohibition qui en résulte aussi respectivement pour chacun, d'empiéter sur la juridiction de l'autre. C'est un hommage rendu dans la pratique à l'observation de la loi, et c'est le seul mode adoptable pour concilier, relativement à la vente d'un mobilier, des dispositions qui commandent le respect de deux priviléges de nature antipathiques et exclusifs l'un de l'autre.

Aussi la théorie du droit de division des choses à vendre a-t-elle été reconnue par la cour de cassation, 1° dans un arrêt du 27 février 1826, S. D. 26-1-271 ; 2° dans un autre arrêt de la même cour du 23 mars 1836, S. D. 36-1-161, déjà cité plusieurs fois. *Vide suprà*, pag. 84.

La restriction que nous venons d'indiquer à l'attribution des commissaires-priseurs, huissiers et greffiers, en ce qui touche le droit de vendre les choses mobilières incorporelles, s'étend-elle au pouvoir d'en faire la prisée?

Pour l'affirmative, on pourrait alléguer que le droit de faire les prisées est accordé par les mêmes lois et compris dans une même disposition conjointement avec celui de procéder aux ventes des meubles et effets mobiliers, *Vide*, p. 6 et 7; que de cette adjonction il résulte la conséquence que, dans l'intention du législateur, ces deux droits sont fondés sur la même cause, et ont entre eux une analogie tellement intime qu'il a ainsi exprimé tacitement la volonté qu'ils fussent soumis à des règles et qu'ils subissent des modifications absolument identiques.

Mais la négative est, suivant nous, fondée sur ce que les notaires ayant une attribution générale et exclusive pour la rédaction des actes destinés à constater les conventions de toute espèce qui interviennent dans les relations sociales (art. 1ᵉʳ de la loi du 25 ventôse an XI et lois antérieures sur le notariat; *Vide suprà*, pages 6, 78, 79, 88, 89, 118, 119 et 120), ont par suite le droit de rédiger les procès-verbaux servant à établir les ventes de meubles.

Dès lors le pouvoir accordé par des lois particulières aux commissaires-priseurs, huissiers et greffiers de justice de paix, de rédiger ces procès-verbaux, constitue une dérogation à la règle générale consacrée en faveur des notaires, puisqu'il autorise les premiers à dresser acte d'une convention de vente quand elle a pour objet des meubles. *Vide*, pages 78, 87 et 88.

Or, c'est un principe commun à l'interprétation de toutes les lois exceptionnelles que, dans l'application, on doit en restreindre la portée au cas spécialement prévu, et qu'il n'est pas permis de l'étendre à d'autres hypothèses par argument d'analogie. De là il suit que la distraction faite aux attributions exclusives du notariat, du droit de constater celles des ventes qui avaient pour objet des meubles, a dû être limitée aux seuls effets mobiliers que le législateur avait nécessairement en vue lors de la rédaction du texte de la concession faite aux commissaires-priseurs, huissiers et greffiers, et voilà pourquoi la jurisprudence a décidé qu'elle ne devait pas comprendre les meubles incorporels. *Vide*, pag. 16, 17, 129, 130 et suiv.

Mais ces considérations ne s'appliquent pas à l'opération de prisée ou d'estimation du mobilier, car elle n'entre pas dans le domaine du notariat, comme la vente, parce qu'elle n'est point une convention. L'appréciation n'a, en effet, aucun des caractères qui, aux termes de l'art. 1101 du Code, constituent cette qualité à un acte. Dès-lors les lois qui accordent le pouvoir de faire la prisée du mobilier ne sont pas introductives dans la législation d'une restriction à l'étendue du pouvoir attribué en cette matière par le droit commun aux notaires. Par conséquent on ne peut appliquer à la prisée des choses incorporelles le raisonnement qui exclut de la compétence des commissaires-priseurs, huissiers et greffiers, la vente desdites choses.

La faculté de faire la prisée des meubles et effets mobiliers a, pour les notaires, sa source légale, non dans la loi organique des notaires, de ventôse an XI, mais uniquement et exclusivement dans celles que nous avons citées de 1790 et de 1793 qui, à cet égard, les placent sur la même ligne que les huissiers et greffiers. *Vide*, pages 3 et 6.

Il est vrai qu'on pourrait objecter à cette raison de distinction, entre l'origine du pouvoir de priser les meubles et celui de les vendre, que ces lois, portant en même temps autorisation de faires le ventes, peuvent aussi être considérées comme étant pour les notaires le principe de leur attribution à cet égard.

Mais il est à remarquer que la loi de ventôse an XI n'a fait, par son article 1er ci-dessus invoqué, que reproduire le droit exclusif reconnu en faveur des notaires, par le décret du 6 octobre 1791, de recevoir tous les actes qui étaient alosr du ressort des notaires royaux et autres, lequel, d'après les anciens édits et ordonnances, comprenait les conventions de toute nature, par conséquent les ventes de toute espèce de choses. Ainsi, pour le droit de faire celles des meubles, on ne peut se refuser à l'admission de cette conséquence, que les lois de 1790 et de 1793, en les classant au nombre des officiers publics qui auraient le droit d'en faire la vente, ne leur créent pas, comme aux autres, une attribution nouvelle, mais qu'elles les maintiennent purement et simplement dans l'exercice d'une attribution préexistante; tandis qu'il en est autrement du pouvoir de prisée. Aussi avons-nous présupposé que la question devait être résolue en ce sens : sauf le droit de cumul en certains cas, au profit des notaires, de l'exercice du droit de prisée conjointement avec celui d'inventaire. *Vide suprà* pages 12 et 13.

CHAPITRE II.

Exception à la règle qui exclut de la compétence des officiers publics chargés des ventes de meubles celles des choses incorporelles.

Comme il est de principe général en droit, que l'accessoire doit suivre le sort du principal, la règle faite pour le premier doit par suite gouverner le second. Cette doctrine nous paraît devoir produire sa conséquence relativement au choix à faire entre les commissaires-priseurs, huissiers, greffiers d'une part et les notaires de l'autre pour la vente d'un mobilier composé simultanément de choses corporelles et de choses incorporelles, quand les unes et les autres, prises isolément, ne peuvent pas être réputées avoir, chacune à part soi, une existence personnelle entièrement dégagée des autres. Quand, en un mot, il y a entre elles dépendance mutuelle et respective tellement que l'une soit évidemment le complément de l'autre, et qu'il y ait enfin des unes aux autres, par réciprocité de destination, réaction d'utilité commune : tel un fonds de commerce, un établissement industriel composé de l'achalandage, de la clientèle, de la pratique acquise et constatée par les relations commerciales et les objets mobiliers employés à son exploitation. *Vide infrà* pages 142, 143, 144 et suiv.

Si, donc ces circonstances venaient à se rencontrer dans une espèce quelconque, alors le droit de vendre devrait être apprécié au point de vue de la compétence de l'officier public auquel il appartiendrait uniquement par la nature de la chose principale; et celui auquel on reconnaîtrait qu'il doit être dévolu d'après cette considération serait fondé, en vertu du précepte ci-dessus posé, à revendiquer la vente de la chose même étrangère à ses attributions, lorsqu'elle ne serait par sa destination relative que l'accessoire de la première.

En procédant en une telle occurrence à la vente de la chose accessoire, il n'agirait pas en vertu d'un droit direct ; mais bien par suite d'une extension que ce droit recevrait au cas particulier du principal qui tombe dans le domaine de sa juridiction, à l'accessoire qui, s'il était seul et suceptible d'une séparation non dommageable, échapperait à son pouvoir d'attribution, et appartiendrait à celui d'une autre classe d'officiers publics.

C'est en adoptant ces principes que la cour de cassation a rejeté le 27 février 1826, S. D. 26-1-271, le pourvoi dirigé contre un arrêt de la cour royale de Paris, du 4 décembre 1823. S. D. 24-2-77, qui décidait que les notaires ayant incontestablement eu dans l'espèce le droit de vendre le brevet d'invention et de perfectionnement autorisant l'exploitation d'une manufacture de tapis de pieds, sise à Bonneval, département d'Eure-et-Loire, ensemble le droit à un bail et l'achalandage , toutes choses incorporelles, avaient eu par suite attribution pour vendre, comme formant les accessoires de l'objet principal, les effets mobiliers corporels composant le matériel de ladite manufacture. Et ce , encore bien qu'elle reconnût et déclarât la vente de ces derniers comprise, en thèse générale, dans le domaine privilégié des commissaires-priseurs.

L'opinion que nous venons d'émettre a également été prise pour base d'un autre arrêt de la même cour, du 23 mars 1836, S. D. 36-1-161,

dans deux espèces, savoir : la première , de la vente aux enchères publiques faite par un notaire de Paris , du matériel d'un établissement d'entreprise de voitures publiques, consistant en voitures, chevaux, harnais, etc., conjointement avec l'achalandage de cette entreprise. La seconde, de la vente également faite par un autre notaire de la capitale, aux enchères publiques, comme la précédente, d'un pensionnat avec la clientèle y attachée, et des objets mobiliers corporels en dépendant. On lit textuellement dans le jugement de première instance du 2 mars 1831, dont la cour royale a adopté les motifs, par son arrêt confirmatif du 26 mai 1832, contre lequel il y a eu pourvoi rejeté en cassation à la date ci-dessus indiquée du 23 mars 1836, « que si du fonds de commerce que, à ti-
« tre de meuble incorporel, les notaires ont
« seuls le droit de vendre, il dépend un mobi-
« lier, ce mobilier doit, comme accessoire, suivre
« le sort du principal. » (Voir *infrà* p. 143 et suiv.)

Les motifs donnés par la cour sont :

« Que la vente d'un fonds de commerce,
« objet incorporel, si elle était faite séparément
« de la vente des objets mobiliers et corporels
« servant à son exploitation, ne produirait ja-
« mais l'utilité que les parties doivent en atten-
« dre, d'où suit la nécessité de vendre simulta-
« nément l'un et les autres, parcequ'il y a entre
« eux une corrélation intime et une réaction de

« valeur qui ne permettraient pas de les diviser
« sans préjudice; que dans cette occurrence, il
« est naturel et même indispensable d'appliquer
« le principe de droit qui veut que l'accessoire
« suive le sort du principal. »

Après nous être occupé de la démonstration
et de l'établissement du principe, qu'en matière
de vente publique aux enchères d'un mobilier
composé confusément d'objets corporels et incorporels, on doit, pour prononcer sur la question
de capacité à l'effet d'y procéder entre officiers
publics, dont les uns ont attribution spéciale et
privilégiée pour la vente des choses corporelles
seulement, se décider par la qualité principale
ou simplement accessoire desdites choses, il
devient indispensable de tracer les règles qui
doivent servir à déterminer la fixation légale de
cette qualité dans chaque circonstance qui présentera l'occasion de l'appliquer.

Si l'on consulte l'usage et les auteurs sur l'éty-
mologie du mot *accessoire*, opposé à *principal*,
on reconnaîtra que le premier convient à toutes
les choses qui n'ont par elles-mêmes aucune
destination qui leur soit personnelle et particulière, qui n'ont qu'une utilité relative et telle
que, séparées de l'objet pour le service et l'exploitation duquel elles ont été créées ou achetées, elles n'auraient pour le propriétaire de cet
objet aucune valeur, parce qu'elles resteraient
sans emploi profitable pour lui, ou qu'elles ne

présenteraient à son égard' qu'une valeur bien réduite par l'effet du changement apporté dans leur appropriation antérieure. *Vide* p. 142 et 143.

Cette définition a d'ailleurs pour elle l'autorité de la législation et celle de la jurisprudence. En effet, le Code déclare, art. 567, que, entre deux choses jointes, on doit réputer partie principale celle à laquelle l'autre n'a été unie que pour l'usage, l'ornement, ou qui sert de complément de la première.

Et article 569, que si l'application de ce précepte ne permet pas de préciser dans une espèce la chose qui devra être regardée comme accessoire de l'autre, on réputera principale celle qui sera la plus considérable en valeur.

D'un autre côté, nous avons vu, page 141 et 142 que la cour royale de Paris avait fait de ces principes de décision le fondement de deux arrêts, l'un du 4 déc. 1823 et l'autre du 26 mai 1832: et il est facile de se convaincre en se reportant aux motifs donnés tant en première instance qu'en appel, et que nous avons à dessein cités textuellement, qu'ils justifient logiquement et rationnellement la conclusion que nous en tirons ici.

La cour de Colmar a également déclaré et reconnu, le 30 janvier 1827 (S. D. 27-2-154,) que, relativement à un fonds de commerce d'orfévrerie et de bijouterie composé de son achalandage, des meubles servant à l'ornement de la boutique, et des outils et ustensiles, ces meubles, outils et ustensiles devaient être réputés des accessoires dont la vente avait pu être faite par un notaire aux enchères publiques en même temps que celle du fonds et de l'achalandage, sans que l'on pût voir en cet acte un empiétement sur les attributions des commissaires-priseurs.

Dans un arrêt subséquent du 15 juin 1833 (S. D. 33-2-339), la cour de Paris s'exprime en ces termes sur la détermination des signes extérieurs propres à conférer à des objets mobiliers quelconque le titre d'accessoires d'une chose principale :

« Considérant que les meubles, ustensiles,
« marchandises et tous autres effets mobiliers
« corporels placés dans un fonds de commerce
« et qui sont employés à son exploitation, en
« forment un accessoire nécessaire qui, en gé-
« néral, ne pourrait en être séparé sans préjudice
« pour les parties intéressées. »

Nota. Il s'agissait en l'espèce d'un fonds de commerce de boulangerie composé de l'achalandage et du matériel. *Vide suprà* p. 142 et 143.

Des explications et développements dans lesquels nous venons d'entrer, il résulte que la question d'attribution entre les notaires et les commissaires-priseurs, huissiers et greffiers, pour la vente aux enchères publiques d'un mobilier composé cumulativement de choses corporelles et incorporelles qu'on ne pourrait vendre séparément et à part les unes des autres, sans perte de la valeur qu'elles tiennent respectivement de leur union, et par conséquent sans dommage pour le propriétaire, dépend d'une appréciation de fait.

En telle sorte que, conformément à la règle tracée 139 à 141, si par rapport au tout, à l'ensemble du mobilier à vendre, les éléments corporels dont il se compose doivent être, d'après les règles ci-dessus posées, réputés former la partie principale de ce tout, la vente en appartiendra aux commissaires-priseurs, qui, au cas contraire, devront céder le pas aux notaires. *Vide* 141 et 142.

Quant à la solution primitive de la question, elle sera le résultat ou de l'arbitrage des parties, ou de la résolution des tribunaux, suivant que la vente aura été ou non précédée d'une décision judiciaire qui, en l'ordonnant, aura ou non prononcé en même temps sur l'attribution.

La légalité de ces deux conclusions est proclamée en ces termes, par la cour de cassation dans son arrêt du 23 mars 1836, déjà cité 141 et 142.

« Au surplus, la question de savoir lequel
« du fonds de commerce ou du mobilier sera
« réputé être le principal ou l'accessoire est une
« question de pur fait dont la décision appar-
« tiendra toujours, suivant les circonstances,
« soit à l'arbitrage des parties, soit à l'apprécia-
« tion des tribunaux. »

Si donc il n'est pas intervenu avant la vente de décision judiciaire, ordonnance ou jugement, qui ait désigné pour y procéder un officier public de l'une de ces deux classes, ce sera aux parties intéressées à apprécier elles-mêmes en premier ordre la question, et on a vu par les citations que nous avons faites p. 141 et suiv, des passages de plusieurs arrêts, que leur intérêt devait être pris en grande considération et exercer une influence notable sur l'appréciation et la solution de la question de préférence dans chaque circonstance particulière. Voilà pourquoi nous regardons l'adoption d'un parti de la part des ayant-droit comme un préjugé précieux pour l'officier public qui les fait décider en sa faveur, car il émane de ceux qui ont une attribution incontestable pour prononcer en connaissance de cause sur la considération du parti le plus avantageux à leur intérêt.

CHAPITRE III.

Du droit de réclamation contre la détermination des parties ou de la justice sur la qualification de principal attribuée à quelques-unes des choses à vendre relativement aux autres, et contre la conséquence qu'on lui fait produire en ce qui touche l'attribution du droit de vendre ces mêmes choses. De la faculté appartenant à la corporation et à chacun des membres qui se croient lésés dans leurs droits, par la résolution prise d'exercer une action en réclamation devant les tribunaux.

Dans tous les cas toutefois où le choix fait, soit par des parties capables, soit par la justice, paraîtrait contraire aux règles ci-dessus établies et violer les droits qu'elles consacrent, soit au préjudice des notaires, soit contre les commissaires-priseurs ou autres officiers vendeurs de meubles, les uns et les autres de ces fonctionnaires auraient le droit de réclamer. A cet effet, ils procéderont individuellement, ou bien par l'organe de la corporation blessée dans ses priviléges par la détermination arrêtée.

Le principe de la recevabilité de l'action des officiers publics contre les résolutions des parties ou de la justice, qui leur paraissent porter atteinte aux droits d'attribution qu'ils tiennent de la loi, est consacré, soit formellement, soit implicitement, par les arrêts de Paris des 4 décembre 1823, 26 mai 1832, 15 juin 1833, et de Colmar, du 30 janvier 1827, cités *suprà*, pages 141 à 145.

Nous nous bornerons à rapporter ici les termes dans lesquels la cour de Paris a proclamé en son dernier arrêt, le droit d'action de la compagnie des notaires dans ces sortes de questions qui intéressent la corporation :

« Considérant que si, ainsi qu'il vient d'être « dit, les notaires ont droit de vendre à l'exclu-« sion des commissaires-priseurs, les fonds de « commerce et les objets mobiliers qui en dé-« pendent, l'ordonnance du président de la « chambre des vacations du tribunal de 1re ins-tance de P aris, en commettant Morize (com-

« missaire-priseur) pour vendre le fonds de
« boulangerie dépendant de la succession de
« Princet, a porté préjudice au droit des notai-
« res de Paris, qu'ainsi la compagnie des no-
« taires avait droit et qualité pour s'opposer à
« l'exécution de cette ordonnance. »

Nous ajouterons par forme d'observation con-
firmative :

1° Que dans l'instance sur laquelle sont in-
tervenus et l'arrêt de la cour royale de Paris du
26 mai 1832, et l'arrêt de rejet de la cour de
cass. du 23 mars 1836, S. D. 36-1-161, c'était
la compagnie des commissaires-priseurs qui procédait, tant contre deux notaires de Paris personnellement, pour qu'il leur soit fait défense
de procéder à aucune vente de meubles et d'effets mobiliers, que contre la chambre qui était
intervenue au procès.

2° Que le droit d'intervention a été encore
consacré implicitement en faveur de la corporation des huissiers, dans une instance portée devant la cour de cass, qui a statué, par deux arrêts du 11 mai 1837, S. D. 37-1-709.

En ce qui touche le mode de l'attaque à diri-
ger contre la décision à intervenir, sur la question de savoir si les choses corporelles forment
dans une propriété mobilière, telle qu'un fonds
de commerce, qu'un établissement industriel,
le principal ou simplement l'accessoire, c'est,
comme nous l'avons fait remarquer page 146

une difficulté de pur fait, et dès-lors l'appréciation en appartenant souverainement aux juges du fond, leur décision, quelle qu'elle soit, échappe sous ce rapport à la censure de la cour de cassation.

Aussi est-ce là l'unique motif qu'elle ait donné pour fondement à ses arrêts de rejet des 27 février 1826 et 23 mars 1836, cités *supra*. pag. 141 et 142.

QUATRIÈME PARTIE.

De la garantie en matière de vente de meubles et marchandises, et des formules des actes relatifs aux prisées et aux ventes.

Les deux objets de cette partie formeront deux titres distincts.

TITRE Ier.

De la garantie de la chose vendue.

En principe, il est dû à l'acheteur garantie non seulement de l'éviction qu'il souffre dans tout ou partie de l'objet acheté, mais encore à raison des défauts cachés de cet objet qui le rendent impropre à l'usage auquel on le destine, ou qui diminuent tellement cet usage que l'acheteur ne l'aurait pas acquis ou n'en aurait donné qu'un moindre prix s'il les avait connus. (C. civ., 1626 et 1641.)

Ces dispositions étant générales, absolues, s'appliquent aux ventes de toute espèce de choses; elles régissent par conséquent les ventes de meubles, de même que celles de biens immeubles; nous regardons dès lors comme un complément des règles du droit qui gouvernent les premières l'exposé des principes sur la garantie applicables à ces sortes de ventes.

Nous diviserons en deux chapitres ce que nous avons à dire touchant cette matière. Le premier sera consacré à la garantie pour cause d'éviction et le second à celle des défauts cachés de la chose vendue.

CHAPITRE PREMIER.

De la garantie pour cause d'éviction.

SECTION Ire.— *Cas et objets de cette garantie.*

Lorsque l'acheteur est contraint à se dessaisir de la possession et par suite de la propriété de la chose mobilière qu'il a achetée, par l'effet d'une action qui a son principe dans une cause antérieure à la vente, il a le droit de réclamer, outre la restitution du prix, s'il l'a payé, des dommages-intérêts proportionnés à la perte ou au préjudice qu'il éprouve. (C. civ., 1630.)

Lors même que l'éviction ne frappe que sur

une partie de la chose, l'acheteur peut demander la résiliation de la vente du tout et exercer les mêmes droits que dans le premier cas. (C. civ., 1636). *Vide infrà* page 157.

Ces conséquences reçoivent leur application quand même le procès-verbal de vente serait muet sur la garantie due aux acheteurs. (C. civ., 1626.)

SECTION II. — *Exceptions à l'obligation de cette même garantie.*

Mais s'il y a une stipulation de non garantie, l'acheteur ne peut, en cas d'éviction, réclamer du vendeur que la restitution du prix, et même cette réclamation lui serait interdite s'il avait été expliqué qu'il achetait à ses risques et périls, ou bien encore s'il était constant que lors de la vente il connaissait le danger de l'éviction. (C. civ., 1629.)

La garantie n'est pas due quand elle provient ou du fait de l'acheteur, ou d'une cause étrangère au vendeur et née postérieurement au contrat : mais aussi il ne serait pas permis au vendeur de s'exonérer de celle de ses faits personnels. (C. civ., 1628.)

Au surplus, le principe qu'en fait de meubles la possession vaut titre exclut l'action en revendication, soit de tout acheteur antérieur, soit de tout propriétaire d'un meuble qui en avait laissé ou abandonné la possession au vendeur, parcequ'au regard des tiers cette possession équivalait à un titre translatif. (C. civ., 1141 et 2279). Il n'y a d'exception à cette règle que pour le cas où le propriétaire en aurait perdu la possession par un fait indépendant de sa volonté. Et, même en ce cas, la faveur due à la bonne foi de celui qui achète en une vente publique, et la nécessité de favoriser la libre et prompte circulation des choses mobilières dans le commerce, a déterminé le législateur à décider que le propriétaire revendiquant serait tenu de restituer le prix d'achat au possesseur de bonne foi.

CHAPITRE II.

De la garantie pour raison des défauts de la chose vendue.

D'après la règle générale ci-dessus énoncée (p. 150 et 151), il est dû garantie à l'acheteur à raison des défauts cachés de la chose; mais cette règle étant passible de plusieurs exceptions, nous les ferons connaître préalablement dans une première section, et nous en réservons une seconde au développement des conséquences qu'elle est appelée à produire dans ses applications

SECTION Ire. — *Des exceptions à l'obligation de garantie des défauts de la chose vendue.*

Première exception. — Aux termes de l'article 1649 du Code civil, l'action en garantie pour raison des vices rédhibitoires dont peuvent être atteintes les choses vendues n'a pas lieu dans les ventes faites par autorité de justice.

Nous avons donné (p. 26 et 27) la définition de ce que le législateur entendait désigner en la loi du 25 juin 1841 sous la dénomination de ventes par autorité de justice, et cette définition étant applicable à toutes celles auxquelles la loi a donné une qualification identique, nous ne pouvons que renvoyer à l'explication indiquée pour déterminer les cas d'admission de la dérogation établie par l'art. 1649 à la règle générale en matière de garantie.

Quant à l'acception de ces mots : *vices rédhibitoires,* et à la question de savoir si dans l'article 1649 où on les lit, qui se réfère à l'art. 1648, ils comprennent les défauts cachés qui peuvent affecter en général toute espèce de choses vendues, ou si leur application doit être restreinte aux animaux, nous n'hésitons pas à nous prononcer en faveur de la première et de la plus large interprétation.

Nec obstat l'induction qu'on pourrait tirer contre cette solution, de la signification que donne à ces expressions la loi du 20 mai 1838.

Car, en consultant attentivement le texte de l'art. 1er de cette loi, on voit qu'elle n'a nullement eu l'intention de préjuger la question d'étendue ou de limitation de l'acception des termes dont il s'agit; que même elle a été rédigée dans la pensée qu'on pouvait trouver des vices rédhibitoires dans d'autres choses vendues que dans des animaux domestiques; car il y est dit : qu'elle n'est faite que pour régir les vices rédhibitoires dans les ventes et échanges de ces animaux, ce qui exprime, par un argument contraire, l'intention de laisser sous l'empire du droit commun l'application de ces mots à la détermination générique des défauts viciant toute sorte de meubles.

Tel est, en effet, le sens dans lequel ils ont été entendus d'une manière constante et uniforme par la jurisprudence: Rouen, 11 décembre 1806, S. D. 7-2-10. — Aix, 15 janvier 1813, S. D. 16-2-65. — Cassation, 24 juillet 1821, S. D. 22-1-341. — Paris, 1er mars 1834, S. D. 34-2-393.

Deuxième exception.—De ces termes *défauts cachés*, employés dans l'art. 1641, il résulte qu'il n'est pas dû garantie pour raison des défauts apparents, et dont l'acheteur a pu se convaincre : cette exclusion est d'ailleurs formulée en règle positive par l'art. 1642.

De là il suit encore que, dans le cas même de vices non apparents, si leur existence avait été déclarée aux enchérisseurs, lors de l'exposition en vente de l'objet, ou même s'il était établi que l'adjudicataire en a eu parfaite connaissance avant la vente; qu'ainsi c'est sciemment qu'il a acheté, il serait non-recevable à se plaindre et à agir en garantie, car alors ces défauts ne seraient pas, par rapport à lui, des vices cachés.

C'est d'après cette doctrine qu'il a été jugé à Paris, que l'acheteur de tableaux qui, avant la vente, avait eu la faculté de les voir et de vérifier l'école et les auteurs auxquels ils appartenaient, ne pouvait demander que la vente fût déclarée nulle, sous prétexte que ces tableaux n'étaient pas des auteurs dont ils portaient les noms. Arrêt de la cour royale du 17 juin 1813, S. D. 14-2-85. Par la même raison, le tribunal de la Seine a jugé, le 14 mars 1840, que l'erreur sur le maître auquel un tableau est attribué dans une vente publique aux enchères n'est pas une cause de nullité de la vente. C'était déjà sur le fondement de la même doctrine que la cour de Bordeaux, par arrêt du 25 avril 1828, S. D. 28-2-258, avait repoussé la réclamation de l'acheteur d'une pièce d'étoffes qui, après réception, réclamait pour déficit dans la quantité d'aunes indiquées.

Section II. — *De l'application du principe de la garantie des défauts cachés.*

On considère comme cachés des défauts provenant de la fabrication ou de la teinture des étoffes de soie qui ne se manifestent qu'après la vente, la livraison ou le paiement. Trib.

de commerce de Paris, 22 mai 1838. — *Vide* en outre les arrêts cités page 156.

Par suite du principe de l'art. 1641 ci-dessus, les vices rédhibitoires d'une portion font rescinder pour le tout la vente d'une même espèce de marchandises. Pardessus, n° 284. — Duvergier, n° 413. Par exemple : dans l'achat de deux chevaux ou de deux bœufs pour former un attelage. Toul., tom. 7, n° 677. Paris, 22 février 1839, S. D. 39-2-323.

CHAPITRE III.

De la prescription et des autres fins de non-recevoir contre l'action en garantie.

Le temps dans lequel doit être exercée l'action en garantie pour vices rédhibitoires n'est pas déterminé par la loi ; elle se borne à déclarer, par l'art. 1648, que la demande doit être intentée dans un bref délai, suivant la nature des vices et l'usage des lieux.

Du reste, il faut remarquer que la recevabilité de la demande est attachée non pas seulement à la constatation du vice dans le délai utile, mais à l'exercice même de l'action par un acte de procédure qui la formule. Cass., 23 mars 1840, S. D. 40-1-431.

L'usage des lieux, celui du commerce et la nature des vices sont donc les deux sources qu'il faut consulter pour fixer la limite de la période de temps pendant laquelle, à dater de la vente, l'action est recevable, et à l'expiration de laquelle elle ne serait plus admissible.

Il est vrai que la variation et l'incertitude qui pouraient résulter de ces indices, sur la règle à suivre pour les juges en cette matière, d'après les termes de l'art. 1648 précité du Code, sont aujourd'hui remplacées par la loi du 20 mai 1838 qui, relativement aux ventes d'animaux domestiques, a substitué l'uniformité et la spécialité à l'arbitraire.

Mais cette loi ne s'étant occupée, comme nous venons de le faire remarquer, que des ventes d'animaux domestiques, la difficulté signalée sur l'application de la règle de l'art. 1648 à des ventes de choses mobilières d'une nature autre que d'animaux domestiques, reste tout entière.

Or, à cet égard, la réception de la chose de la part de l'acheteur sans réclamation instantanée, doit élever contre lui la présomption que les vices par lui reprochés ultérieurement n'existaient pas au moment de la tradition qui donne à la vente sa perfection, et par conséquent mettre à sa charge la preuve que leur existence remonte au-delà. Il en est de même du cas où l'exercice de l'action n'est pas limitée par l'usage des lieux à un certain délai déterminé. Cass. 23 juin

1835, S. D. 35-1-617. *Sic* Duranton, Troplong, Duvergier.

Le silence que l'acheteur garderait après le moment où il a eu connaissance des vices renfermerait, ou la reconnaissance tacite qu'ils ne sont survenus qu'après la vente, ou la renonciation implicite à toute réclamation; ce serait aux juges à apprécier, par la durée de ce silence, celle de ces deux conséquences que sa conduite leur paraîtrait autoriser, et à en faire le fondement d'une fin de non recevoir contre son action.

La perte de la chose arrivée depuis la vente par la faute de l'acheteur, le rendrait non recevable à exercer l'action en garantie en raison des vices dont elle était affectée. Argument de l'article 1648, qui le décide ainsi pour le cas de la perte survenue par cas fortuit; *seeùs* de celle qui serait causée par le vice même. (Art. 1648. *Sic* Delvincourt, Duvergier, Duranton. Contre, Troplong.)

Le vendeur peut, par la stipulation de non garantie, s'affranchir de la responsabilité des vices cachés lorsqu'il en ignore l'existence ; *seeùs* s'il les connaît. Cod. civ., 1627-1628-1643-1645, à moins que l'acheteur ne les connût. Arg. de l'art. 1629, Cod. civ. *Sic* Delvincourt, Duvergier.

CHAPITRE IV.

De ceux contre qui l'action doit être intentée.

Comme l'obligation de garantie est imposée par la loi au vendeur (art. 1641), c'est contre lui que doit être formée la demande, afin d'en obtenir les effets. L'officier public n'est pas le vendeur, car il n'est pas propriétaire des meubles à l'adjudication desquels il procède, ce n'est pas à lui qu'en appartient le prix; il n'est, comme nous l'avons dit, que le mandataire du vendeur chargé d'opérer et de constater la vente, de recevoir les prix des acheteurs, et de lui en rendre compte. *Vide suprà* pag. 83 à 87.

L'officier public n'est donc pas, en thèse générale, passible de l'action en garantie des adjudicataires pour raison des défauts cachés de la chose, mais il est possible qu'il le devienne en certains cas; par exemple, s'il a sciemment permis qu'on exposât en vente une chose affectée de vices cachés, de défauts assez peu apparents pour n'être pas aperçus à la simple exposition ou montrée de l'objet par toute personne, et qu'il n'ait pas pris la précaution de prévenir les enchérisseurs. Alors il commet une lourde faute dans l'exercice de ses fonctions, quand même il n'y aurait pas complicité caractérisée par ce procédé, et sous chacun de ces rapports, quel qu'il soit, il encourrait la responsabilité solidairement avec le vendeur envers le ou les acheteurs trompés. Cod. civ., art. 1382, 1383.

Il serait même possible que tout le poids de l'action retombât en définitive sur lui. Si, par exemple, les vices étaient tels qu'il n'ait pu les ignorer, ou s'il n'avait pas suivi les instructions affirmatives du vendeur sur la déclaration de ces vices aux enchérisseurs; car alors, quoique celui-ci fût responsable directement envers l'acheteur de l'omission de son mandataire, il aurait le droit de demander contre ce dernier la peine de l'inexécution du mandat qu'il prouverait lui avoir donné à cet effet.

Dans les autres cas, l'officier public condamné conjointement avec le vendeur envers l'adjudicataire, aurait le droit de recourir contre celui-là pour le contraindre à l'indemniser, à moins qu'il ne soit établi que l'officier est de mauvaise foi, car l'action en recours n'est pas admise entre complices d'une fraude.

Si l'acheteur obtenait une diminution du prix, elle devrait être supportée par le vendeur, car celui-ci ne doit pas s'enrichir aux dépens de l'officier public, et il le ferait s'il conservait la totalité du prix d'une chose qui serait jugée valoir moins qu'elle n'a été achetée par l'erreur de l'enchérisseur, touchant les défauts cachés dont elle était atteinte, et qui en diminueraient la valeur vénale pour tous.

TITRE II.

Des formules des actes et procès-verbaux des officiers-public chargés des prisées et ventes de meubles.

Ce titre aura deux chapitres. Le premier relatif aux prisées, le second aux ventes.

CHAPITRE PREMIER.

Des Prisées.

Comme elles ont lieu en cas d'inventaire e en dehors d'inventaire, ainsi que nous l'avons expliqué pages 8 à 14, nous présenterons dans le même ordre le protocole des formules à suivre dans chacun de ces cas auxquels nous destinerons dès lors deux sections.

SECTION Ire.—*Formule d'un procès-verbal de prisée en cas d'inventaire.*

Dès qu'il n'est pas rédigé par l'officier public, chargé de la prisée en ce cas, de procès-verbal de son estimation séparément de l'inventaire que dresse, soit le notaire, soit le syndic, dans l'hypothèse de l'article 480 du Code de commerce, l'opération de prisée doit être constatée par l'inventaire lui-même.

Cet inventaire est alors un acte auquel participent chacun pour la fonction qui est de sa compétence, et le notaire ou le syndic et le commissaire-priseur, savoir : les premiers, pour la mention et la description des objets mobiliers, et le second pour l'évaluation en leur valeur numérique de ceux qui sont susceptibles de cette espèce d'estimation. Et comme entre ces deux opérations l'inventaire est la principale, dont l'autre n'est que l'accessoire, l'art. 943, 3° du Code de procédure, après avoir réglé qu'elles seraient toutes deux constatées par un seul et même acte auquel concouraient simultanément les deux officiers, a dû accorder à celui d'entre eux qui seul a compétence pour la fonction principale, la rédaction et la conservation de la minute de l'acte qui prouve l'accomplissement de l'une et de l'autre.

Dans cette hypothèse, le procès-verbal de prisée se confondant avec l'inventaire, on ne peut tracer la formule du premier sans donner celle du second, puisque c'est celui-ci qui renferme l'autre.

Protocole d'un acte contenant inventaire avec prisée qui doit avoir lieu dans les cas indiqués, pages 8 à 14.

L'an mil huit cent quarante-quatre .... le .... heure de ....

A la requête de, etc. (Nom, prénoms, qualité, demeure et profession du requérant.)

En présence de, etc. (Désigner ici, outre les témoins, ceux qui, à raison d'une qualité légale quelconque, ont le droit d'assister à l'inventaire.)

Pour la conservation des droits de toutes les parties intéressées, il va être par nous .... (noms, etc., du notaire) procédé à l'inventaire descriptif de tous les effets mobiliers sans distinction ni exception, titres, papiers et renseignements dépendants de la succession ou communauté de (dénommer au premier cas le défunt, et au second les époux), lesdits objets se trouvant en ce moment dans les lieux ci-après désignés, faisant (la totalité, ou partie) d'une maison sise à, etc., où ledit sieur ..... (défunt est décédé), ou bien où habitent (les époux) sur la représentation qui nous sera faite du tout par .... (Dénommer, ou le gardien des scellés, ou le détenteur du mobilier, s'il n'y a pas eu apposition de scellés préalable ou s'ils ont été levés sans description), qui a promis de tout représenter sous la foi du serment qu'il aura à prêter à cet égard entre nos mains conformément à la loi, art. 943, 8° du Code de proc. civ.

A ces présentes, a concouru M^e .... (Nom, prénoms et demeure de l'officier public appelé pour la prisée), lequel, en sa qualité (ou de commissaire-priseur, ou de notaire, ou d'huissier, ou de greffier de la justice de paix, si l'officier public appelé pour la prisée est assujetti à patente, il sera nécessaire que l'on indique, ainsi que nous l'avons expliqué, page 96, le nom de la commune où elle lui a été délivrée, la date, la classe et le n°; si enfin c'est le notaire même qui procèdant à l'inventaire, fait en outre la prisée du consentement des parties, ainsi que nous avons vu, page 12, qu'il en avait le droit, il devra mentionner cette circonstance de l'accomplissement par lui des deux opérations), procédera à la prisée à juste valeur et sans crue (C. proc., 943 3°), de ceux des objets qui, décrits au présent inventaire, en seront susceptibles, ainsi qu'il a déclaré s'engager à le faire.

Lorsque les scellés sont encore apposés au moment où l'on commence l'inventaire, le notaire ajoute : ces représentation et prisée auront lieu, relativement aux objets qui se trouvent sous les scellés apposés, le ..... par ..... M...., juge de paix de ..... au fur et à mesure qu'ils seront levés par ce magistrat requis à cet effet en exécution de son ordonnance de levée du....

Et ont, les parties ci-dessus nommées, signé avec M....., commissaire-priseur, huissier ou greffier, les témoins et nous notaire, après lecture faite.

Dans la remise éclairée sur la cour,

Une calèche, etc. (description sommaire), prisée y compris ses accessoires qui viennent d'être énumérés, la somme de .....

Nous avons expliqué, pages 12 et 13, que lorsqu'il s'agissait de l'estimation de choses d'un grand prix, ou d'une nature particulière dont la valeur dépendait des connaissances spéciales d'un art, ou d'une profession déterminée en dehors des objets ordinaires du commerce et de la consommation, l'officier priseur devait se faire assister d'un expert par lui choisi parmi les personnes de la catégorie indiquée.

Alors on doit dans l'inventaire faire mention de la circonstance que pour l'estimation de ces sortes de choses, l'officier priseur s'est fait assister de M....., en qualité d'expert par lui choisi à cet effet.

La clôture ensuite est ainsi conçue :

Ce fait, n'y ayant plus rien à comprendre au présent inventaire, nous l'avons clos, après qu'il a été certifié véritable par (le gardien ou le détenteur des choses inventoriées), par serment prêté en nos mains dans les termes de la loi, art. 943, 8° du Code de proc. civ.

Et ont toutes les parties et personnes dénommées comme présentes signé avec nous, notaire, les témoins et l'officier priseur susnommés.

Section II. — *Formule d'un procès-verbal de prisée en dehors du cas d'inventaire* (p. 14).

L'an mil huit cent quarante-quatre, le..... à la requête de Mme A.... propriétaire demeurant à..... agissant en qualité de mère et tutrice de B..... son fils mineur, né du mariage d'entre elle et feu le sieur B... son mari.

Laquelle expose que, désirant jouir du droit que lui accorde l'article 453 du Code civil, de garder les meubles appartenant à son fils mineur et provenant de la succession de son père (ou de telle autre succession qui, dans le fait, serait échue au mineur), elle a invité le sieur D....., subrogé-tuteur de son même fils, de nommer, aux termes de l'article précité, un expert pour en faire l'estimation ; qu'obtempérant à son invitation, il a fait choix de nous (commissaire-priseur, notaire, huissier ou greffier) ci-après prénommé et domicilié, auxdits fins ; que nous avons ensuite de cette nomination prêté le serment préalable au cas requis, pardevant M. le juge de paix du.... le... qui en a fait dresser ledit jour procès-verbal : pourquoi et attendu que toutes les formalités prescrites par la loi sont ainsi remplies, elle nous requérait de vouloir, en exécution de cette mission que nous avions ainsi acceptée, procéder à la susdite estimation aux fins expliquées.

En conséquence, nous..... (commissaire-priseur, notaire, etc.,) patenté à... le... n°... classe... demeurant à... agissant en la qualité d'expert à nous conférée de la manière et pour les causes susdites, nous sommes rendu au domicile de M*** A... où étant, nous avons, en présence du sieur D.... subrogé-tuteur (s'il comparaît, ce qui n'est pas nécessaire pour la validité de l'opération, puisque la loi ne l'exige pas), et sur la représentation qui nous sera faite par la dame requérante, procédé à l'estimation, article par article, de tous et de chacun des effets mobiliers dont il s'agit, ainsi qu'il suit :

(Suivre pour le détail la formule de la prisée en cas d'inventaire.)

Dont acte, auquel il a été employé... vacations et du tout nous avons rédigé le présent procès-verbal, que nous avons signé avec... (dénommer les personnes présentes) les an, mois et jour que dessus, après lecture faite.

Si l'estimation était ordonnée par le juge, ou qu'elle fût une mesure convenue entre les parties, le procès-verbal devrait être conçu de la manière suivante :

L'an, etc... à la requête de... (désignation de la personne qui poursuit l'opération.)

Laquelle expose que par (jugement, ordonnance ou convention) intervenu entre (dénommer les parties), nous avons été nommé expert à l'effet de procéder à l'estimation de... (énoncer ici, s'il s'agit d'un meuble en particulier, ou d'une universalité de meubles), qu'ayant accepté cette mission, nous avons prêté le serment préalable requis entre les mains de...... ainsi que cela résulte du procès-verbal dudit jour: que sur l'indication que nous avons alors faite de l'époque de notre opération, le comparant a fait sommer.... (dénommer ici les parties sommées) de comparaître à ces jour, lieu et heure à l'effet d'assister à l'estimation dont il s'agit, suivant exploit de....... (l'énoncer) pourquoi et attendu (leur présence ou leur absence), et que l'heure indiquée est arrivée, il nous requérait de procéder.

Obtempérant à cette invitation, nous avons en effet (en présence de ...... ou nonobstant l'absence ......) procédé ainsi qu'il suit aux fins ci-dessus expliquées.

(Voir pour le détail la formule de prisée en cas d'inventaire, et pour la clôture celle de la prisée en dehors de l'inventaire.)

CHAPITRE II.

Des Ventes.

Comme on en distingue de deux sortes principales, savoir : les ventes volontaires et les ventes judiciaires ou obligatoires, nous diviserons les formules en deux sections, et nous en consacrerons une autre préalable à la déclaration qui doit précéder toute espèce de vente.

Section Ire. — *Déclaration de vente mobilière.*
(*Vide* pages 36 à 42.)

§ Ier. Protocole de la procuration que doit donner à la personne chargée de cette formalité l'officier public qui ne veut ou ne peut pas la faire lui-même.

Le soussigné ...... (désigner l'officier public par ses prénoms, nom, qualité, titre et résidence.)

Donne par ces présentes pouvoir à ..... (désigner le mandataire), de faire en son nom, au bureau d'enregistrement de ..... (désigner le bureau), la déclaration de la vente à laquelle il se propose de procéder, le ..... (indiquer les an, mois, jour, heure et lieu), des meubles et effets mobiliers de ...... (désigner le propriétaire ou la succession propriétaire.) En conséquence, de signer tous registres, s'en faire délivrer tous extraits, et, en un mot, faire pour l'exécution du présent mandat tout ce qui sera nécessaire.

A ....., le .....

Certifié véritable par le mandataire dénommé.

§ II. Protocole de la déclaration à écrire sur le registre du receveur de l'enregistrement.

Cejourd'hui .... est comparu en ce bureau M..... (dénommer l'officier public ou son mandataire, et en ce dernier cas mentionner la procuration, la certification et son annexe.)

Lequel a déclaré qu'il procédera, le ..... (indiquer les an, mois, jour, heure et lieu de la vente), à la vente de ...... (désigner la qualité du mobilier et le propriétaire.)

Dont il a requis, et il lui a été donné acte par nous, receveur de l'enregistrement, qui avons signé avec lui.

Section II. — *Formules des procès-verbaux de vente volontaire. (Vide pages 42 à 73.)*

En tête, on transcrit copie de la déclaration

préalable faite au bureau de l'enregistrement.
(*Idem.*)

Cette transcription est la reproduction de la copie de la déclaration délivrée par le receveur à l'officier vendeur.

L'an mil huit cent quarante-quatre, le ….….; heure de.…. (Le décret du 10 brumaire an xiv exige l'indication de l'heure de l'ouverture et de celle de la clôture. *Vide* page 97.)

A la requête de M. N…. (Désigner les nom, prénoms, profession et domicile de celui ou de ceux qui requièrent la vente et leur titre de propriétaires ou de mandataires du propriétaire; ayant capacité légale pour disposer de la chose: l'acte contenant mandat devra être certifié par le mandataire et annexé au procès-verbal pour la garantie de l'officier public; (arg. de l'art. 13 de la loi du 25 ventôse an xi); il en sera de même de l'ordonnance du président ou du jugement du tribunal qui autorise la vente, des procès-verbaux d'apposition de placards, des feuilles d'annonces, des exploits de sommation, des actes d'estimation (Cod. proc. 621) dans les cas où l'observation de ces formalités est requise. *Vide supra* pages 21, 22 et *infrà* 180 à 183; il faut aussi mentionner la patente du requérant, s'il y a lieu, aux cas indiqués page 96.)

Nous.…. (nom, prénoms, qualité et demeure de l'officier public), patenté, le ….à ….. n°.… .… classe.

Attendu que, à la demande dudit sieur requérant, il a été annoncé par .... (énoncer les modes de publicité usités dans la localité qui ont été pratiqués dans la circonstance, mais dont aucun n'est obligatoire) qu'il serait cejourd'hui, heure présente, procédé par notre ministère, à l'adjudication aux enchères publiques des meubles et effets mobiliers qu'il se propose de vendre en cette forme (s'il y a eu inventaire préalable de ces meubles on l'énoncera, pages 43 et 44) dans une salle au rez-de-chaussée dépendant de la maison du sieur .. sise à... rue ... de n° ... où nous nous sommes transporté, et où nous nous trouvons en ce moment.

Attendu que l'heure indiquée par les annonces diverses est arrivée, qu'il y a nombre suffisant d'enchérisseurs réunis, leur avons donné lecture à haute et intelligible voix des conditions suivantes, comme étant celles sous lesquelles nous allions procéder aux adjudications des meubles et objets mobiliers que se propose de vendre ledit sieur requérant, au fur et à mesure qu'il les présentera à cet effet.

Art. 1er. Les objets seront vendus sans aucune garantie autre que celle des faits et promesses du requérant.

Art. 2. En conséquence les adjudicataires n'auront aucune action soit en résolution, soit en dommages-intérêts, soit en diminution de prix, à exercer contre lui pour raison, soit d'éviction, soit de défauts apparents, soit même de défauts cachés, à moins que l'éviction ne provienne d'un fait à lui personnel, ou qu'il ne soit prouvé qu'il connaissait les vices cachés.

Art. 3. Le prix sera payable dans le délai de ..... mois entre les mains de ..... (l'officier public ou le requérant).

Art 4. Les adjudicataires paieront en sus du prix cinq centimes par francs pour frais. (Cette perception n'est légale, que parcequ'elle vient en déduction des déboursés et honoraires que l'officier vendeur a le droit de réclamer. Arrêt de Lyon du 21 novembre 1832, S. D. 32-2-153, et jugement du tribunal de commerce de la Seine du 30 novembre 1834.)

Art. 5. Ceux qui se libéreront comptant seront affranchis de ces frais.

Art. 6. Le requérant renonce au droit de responsabilité du prix de la vente établi en sa faveur par la loi contre l'officier public vendeur. (Sans cette dérogation, l'officier public serait débiteur direct du prix envers le requérant, aux termes de l'art. 625 du Code de proc. *Vide* pages 44 à 46.)

Art. 7. Les enchères ne seront admises qu'autant qu'elles seront faites par des personnes capables, et en outre il sera facultatif à l'officier public d'exiger caution pour celles qui ne paieront pas comptant, à peine de rejet de l'enchère et de continuation de la vente de l'objet sur la mise précédente.

Art. 8. En cas de dernière enchère faite simultanément sur un objet par deux ou plusieurs personnes, elles ne pourront en réclamer à leur profit l'adjudication en commun, qu'autant que la mise par elles faite ne serait pas couverte par d'autres enchérisseurs, ensuite de la continuation de la criée sur le montant de cette mise considérée comme simple enchère : il en sera encore ainsi, quand même dans l'ignorance de ce concours l'adjudication aurait été prononcée au prix de la somme de cette double enchère en faveur de l'un des deux seulement qui l'aurait faite.

Art. 9. L'officier public sera appréciateur des cas de folle-enchère et autorisé à procéder de suite, quand il le jugera convenable, à la revente, sans la nécessité de l'observation d'aucune formalité.

En conséquence nous avons procédé à ladite vente dans l'ordre, et ainsi qu'il suit, après avoir rédigé le procès-verbal d'ouverture, en présence des sieurs.........., témoins connus et requis, qui l'ont signé avec nous et le sieur requérant (ou bien lorsque le requérant ne sait ou ne peut signer), qui seuls l'ont signé avec nous, le requérant ayant déclaré ne savoir ou ne pouvoir signer. (Car il faut que les témoins sachent signer, arg. de l'art. 9 de ventôse. *Vide* pages 66 à 68.)

Désignation des objets, des prix des adjudications et des noms des adjudicataires.

Une pendule, etc., adjugée deux cent un francs cinquante centimes à M. Paul Richard de ..... (*Vide*, pour les cas de nécessité ou de non nécessité, de la mention des noms et demeures des adjudicataires, page 64.) ci 201 fr. 50 c.

Attendu que nous avons vaqué à tout ce que dessus, depuis l'heure de ....., ci-dessus indiquée du matin, jusqu'à ce moment, et attendu qu'il est une heure après midi, nous avons clos la présente séance, en annonçant que nous continuerions la vente et qu'à cet effet nous commencerions une nouvelle séance aujourd'hui à deux heures, et nous avons signé ce procès-verbal de clôture avec MM. ...., tous deux témoins connus, et le sieur ...., requérant (ou à l'exception du sieur requérant non présent ou ne sachant signer), après lecture faite.

Et cejourd'hui ...., les deux heures après midi, nous commissaire-priseur susnommé et soussigné, avons repris en présence des témoins ci-après nommés et du sieur requérant, la vente commencée, et nous l'avons continuée dans l'ordre suivant.

Une commode en acajou à trois tiroirs avec clef, adjugée cinquante-quatre francs vingt-cinq centimes à M...., domicilié à ..... (L'indication des nom et demeure n'est exigée qu'en matière de vente forcée, ici elle est donc purement facultative.) ci . . . . 54 fr. 24 c.

Lorsque le cas de non adjudication par défaut d'enchères, prévu 24me formalité, pages 64 et 65, vient à se présenter, voici en quels termes doit être conçue la mention du défaut d'enchères sur la mise à prix proposée par l'officier public d'un effet mobilier exposé en vente volontaire ; *secus* en vente judiciaire. *Vide* pages 65, sauf l'exception réservée, p. 182, 183.

- « Un divan en bois d'acajou couvert d'une étoffe de soie rouge cramoisi avec ses oreillers exposé en vente sur la mise à prix proposée par nous au nom des ayants-droit de 200 fr. ; et attendu qu'elle n'a été couverte par aucune enchère, ni même acceptée par aucun acheteur, nous avons passé à la vente d'un autre objet et tiré celui-ci hors ligne seulement pour . . . . . mémoire. »

» Au cas de double enchère prévu, 21me formalité, page 62, le procès-verbal doit être formulé en ces termes :

« Un cabriolet mis à prix par suite d'enchères à 600 fr. par les sieurs A... et B... simultanément, sans que cette offre ait été couverte ni qu'ils aient réclamé le bénéfice de l'adjucation conjointement et indivisément, nous avons provoqué la continuation des enchères sur cette somme de 600 fr. et par suite de ce parti cet objet a été porté à 700 fr. et adjugé à ce prix à M... D.., demeurant à..., ci . . . . 700 fr. »

« Lorsque au cas prévu, 18me formalité, pages 57 à 60, à défaut d'exécution des conditions de l'enchère et de paiement du prix, l'officier public juge convenable de ne pas livrer la chose vendue et de procéder à la réadjudication de cette chose à la folle-enchère de l'acheteur, il doit constater le fait, et voici la formule à employer à cet effet.

Un fauteuil de bureau en acajou, adjugé pour cinquante francs au sieur D...; mais ce dernier, invité par nous à verser entre nos mains ce prix en recevant la tradition, n'ayant pu réaliser cette condition, nous lui avons déclaré que, conformément au droit que nous en donnent les art. 624 du Code de procédure civile et 1657 du Code civil combinés, nous allions de suite procéder à la revente à sa folle-enchère, ce que nous avons fait à l'instant en provoquant les mises des enchérisseurs, et, par suite de ces mises, nous avons adjugé le fauteuil dont il s'agit au sieur E... à quarante francs, ci . . 40 fr.

Et nous avons fait réserve en faveur du vendeur de tous ses droits pour recouvrer la différence de 10 fr. sur le sieur D..., fol-enchérisseur.

Tous les meubles et effets mobiliers ci-dessus adjugés étant les seuls que le sieur N..., requérant, nous ait chargé de vendre, nous avons déclaré close et terminée la présente vente, dont le montant s'élève à dix mille cent vingt-cinq francs soixante-quinze centimes, après avoir vaqué depuis ladite heure de ..... jusqu'à celle de ..... et de tout ce que dessus, nous avons dressé le présent procès-verbal que le requérant, ensemble MM......., témoins connus et requis, ont signé avec nous et mondit sieur requérant, après avoir constaté que le produit de la première vacation est de six cents francs cinq centimes, ci . . . . 6oo fr. o5 c.

Que celui de la seconde est de huit mille cinq cent dix-huit francs dix centimes, ci 85,18   1o

Que celui de la troisième est de mille deux francs soixante centimes, ci 1oo2   6o

Par conséquent le total général est, comme nous venons de l'énoncer , de dix mille cent vingt-cinq francs , soixante-quinze centimes, ci . . . . . 1o125 fr. 75 c.

Sur laquelle somme il n'a été versé en nos mains que celle de deux mille francs, attendu que le requérant a repris par enchères des objets pour mille francs, et qu'il reste à recouvrer sept mille cent vingt-cinq francs soixante-quinze centimes, dont acte, lecture faite.

SECTION III. — *Formule d'un procès-verbal de vente judiciaire, c'est à dire, d'une de ces ventes pour la validité desquelles la loi a prescrit des formalités qu'on ne saurait négliger impunément, suivant définition donnée, pages 26 et 27.*

Il faut, comme pour le procès-verbal de vente volontaire, transcrire en tête la déclaration préalable faite au bureau du receveur de l'enregistrement.

L'an mil huit cent quarante-quatre, le...

A la requête de (désigner le requérant par ses nom et prénoms, profession et demeure, et en outre par la qualité en laquelle il agit, et qui lui donne le droit de requérir la vente: par ex., 1° en cas de vente de marchandises neuves, il sera nécessaire d'énoncer le jugement du tribunal de commerce, lorsque l'obtention préalable en a été nécessaire, d'après les règles que nous avons posées à cet égard, p. 20 à 29; 2° en cas de vente du mobilier d'un absent, le procès-verbal mentionnera le jugement de nomination de l'administrateur, ou des présomptifs héritiers envoyés en possession, ainsi que l'ordonnance du juge qui permet la vente du mobilier, C. proc. art. 945; 3° en cas de minorité, s'il s'agit d'une tutelle dative, la délibération du conseil de famille qui a nommé le tuteur à sa qualité, et toujours l'ordonnance du président exigée par l'article 945, C. proc., précité; 4° et en outre, dans les divers cas que nous avons énumérés, p. 8 et s. à 14, et rappelés comme étant ceux dans lesquels il y avait lieu obligatoirement à inventaire; si par suite on procède à la vente du mobilier, il sera nécessaire, comme nous l'avons indiqué ci-dessus, page 172, de mentionner cet inventaire).

En présence de..... (désigner ici ceux qui se présentent pour comparaître à la vente, soit que la loi autorise, soit qu'elle prescrive leur présence).

S'ils ne comparaissent pas, alors on l'exprime, soit pour tous, soit seulement pour ceux qui n'assistent pas, en ces termes :

Nonobstant l'absence de..... (alors on mentionne l'exploit par lequel ils ont été appelés).

Attendu que la présente vente a été précédée des déclarations requises, tant au bureau du receveur de l'enregistrement, ainsi qu'il appert de la déclaration transcrite en tête, (qu'à la chambres des commissaires-priseurs, dans les lieux où il en existe. *Vide suprà,* page 38).

Attendu (s'il s'agit de meubles ordinaires) qu'elle a été annoncée conformément aux dispositions de l'art. 617, C. proc. civ. (et s'il s'agit, soit de barques et autres objets énumérés en l'art. 620 du même Code, soit de vaisselle d'argent, de bagues et joyaux, désignés art. 621), que la vente a été précédée des publications, expositions et estimation prescrites par les articles 620 et 621 dudit Code, relativement à chacune de ces espèces de choses en particulier. Ainsi que cela résulte de... (énoncer ici les pièces qui justifient l'accomplissement de ces formalités, savoir : les exploits d'huissiers pour les appositions de placards, pour les publications requises aux cas des art. 620 et 621, les procès-verbaux d'estimation par experts, dans l'hypothèse de l'art. 621, et les feuilles des journau x revêtues de la signature de l'imprimeur, légalisée selon le vœu de l'art. 698 du même Code pour les insertions), nous étant transporté dans une salle au premier étage d'une maison appartenant au sieur...., sise en cette ville, rue....., n° ..., laquelle a été désignée comme local destiné à la vente par les publications susdites. (Si la désignation résulte d'une ordonnance ou d'un jugement, ainsi que cela peut être, par exemple : au cas, soit de l'art. 617 du Code de proc., soit de l'indication faite par le tribunal de commerce, pag. 23, 115 et 116, alors on l'énoncera.)

Attendu que l'heure annoncée est arrivée, qu'il y a un nombre suffisant d'enchérisseurs réunis, nous avons déclaré qu'il allait être de suite procédé à la vente aux enchères publiques des meubles et effets mobiliers dont s'agit, sur la représentation qui nous en sera faite par le sieur....., gardien desdits objets, établi en cette qualité par..... (mentionner ici l'acte qui le constitue), et nous avons déclaré qu'elle aurait lieu aux clauses et conditions suivantes, dont nous avons donné lecture à l'assemblée à haute et intelligible voix.

Art. 1er. (Suivre ici le modèle de la vente amiable, en retranchant les clauses qui exonèrent l'officier public de la responsabilité et celles qui accordent délai, à moins qu'il ne juge convenable de prendre sous sa responsabilité, la solvabilité, l'exactitude et la bonne foi des adjudicataires. *Vide* pages 44 à 46 et 173.

Et ont, les requérants (ensemble les autres ayants-droit assistants), ainsi que le gardien et les sieurs......, témoins connus et requis, signé avec nous....., (commissaire-priseur, huissier, etc.), ci-dessus prénommé et domicilié, après lecture faite, à l'exception de..... (nommer les non signataires, autres que les témoins qui toujours doivent signer), qui ont déclaré ne pouvoir signer.

Suivre pour la vente le modèle indiqué des *Formules des ventes volontaires,* pages 175 à 177.

Idem., pour la clôture, pages 177, 178.

S'il s'agissait de vaisselle d'argent, de bagues et joyaux de la valeur de 300 fr. au moins, sur lesquels les enchères ne s'élevassent pas lors de l'adjudication, au montant de leur valeur réelle pour la première, et de l'estimation des gens de l'art pour les seconds, l'officier n'adjugerait pas et continuerait la vente à un autre jour en ces termes :

Un service en argent du poids de... (l'énoncer par la dénomination de la numération décimale) lequel représente une valeur réelle de 3,000 fr. au cours.

Un collier orné de pierres fines, estimé 2,000 fr.

Attendu que les enchères ne se sont élevées

sur la vaisselle qu'à 2,900 fr. et sur le collier qu'à 1,900 fr., centimes pour francs compris, nous nous sommes abstenu de prononcer l'adjudication, que nous avons renvoyée à.... pour y être procédé après un nouvel accomplissement des formalités spéciales des articles 620 et 621 du Code de procédure.

FIN.

TABLE

ALPHABÉTIQUE ET ANALYTIQUE

DU TRAITÉ DE LA COMPÉTENCE

DES OFFICIERS PUBLICS,

EN MATIÈRE DE PRISÉES ET DE VENTES DE MEUBLES.

ABSENT. — Voyez *Inventaire*.

ACCESSOIRE. — La nature légale de la chose principale détermine la compétence de l'officier pour le droit de vendre la chose mobilière accessoire. 139 à 147

ACHALANDAGE. — Signification du mot. 89

Sa nature. — V. *Incorporels*.

ACTES. Des divers officiers publics en matière de vente de meubles. — Leurs effets, leurs différences. — V. *Procès-Verbal*. 78 à 80

ACTION. — V. *Demande*.

ADJUDICATAIRES de meubles. — Leurs droits, leurs obligations. 49 à 64

Mention de leurs noms et domicile. — Quand elle est nécessaire ou non. 43, 64

Les officiers vendeurs, le crieur et tous mandataires du propriétaire, les incapables de contracter, le saisi, ne peuvent acheter directement ni indirectement. 52, 60

ADJUDICATION. — Quand doit-elle être prononcée et ses conséquences. 53, 64

Aucune, dans les ventes publiques ne peut être déclarée qu'après exposition aux enchères et provocation de mises par l'officier, quand les ventes sont forcées—*Secùs* quand elles sont purement volontaires. 52, 53, 62

ADMINISTRATEUR. — V. *Mandataire*.

AFFICHES. — En quels cas elles sont nécessaires, 33, 171, 172, 180, 181

ALLIÉ. — V. *Parents*.